H

STORYBOOK

Vol. 1

Stories in Simplified Chinese and Pinyin

600 Words Vocabulary Level

B.Y. LEONG

Copyright © 2019 B.Y Leong

ISBN: 9781678740535

All rights reserved. This book or parts thereof may not be reproduced in any form, stored in any retrieval system, or transmitted in any form by any means—electronic, mechanical, photocopy, recording, or otherwise—without prior written permission of the publisher, except as provided by applicable law.

Any references to historical events, real people, or real places are used fictitiously. Other names, characters, places and events are products of the author's imagination, and any resemblances to actual events or places or persons, living or dead, is entirely coincidental.

Edited by Y.L Hoe

Book Cover by Sok Yeng Leong

Publisher:

Leong Bik Yoke

C1013 Centum@Oasis Corporate Park,
No.2, Jalan PJU1A/2, Ara Damansara
47301 Petaling Jaya, Selangor
MALAYSIA

feedback@allmusing.net

Table of Contents

INTRODUCTION 7
Statistics for Story [1] 13
[1] Celebrating Chinese New Year with Grandma 15
Pinyin and Translation [1] 20
Statistics for Story [2] 35
[2] Company Trip 37
Pinyin and Translation [2] 44
Statistics for Story [3] 61
[3] Chatting with My Uncle and Aunt 63
Pinyin and Translation [3] 68
Statistics for Story [4] 83
[4] A Trip to Singapore 84
Pinyin and Translation [4] 92
Statistics for Story [5] 113
[5] My Standard 6 Classmate 115
Pinyin and Translation [5] 121
Appendix A HSK 3 Vocabulary 139
Appendix B – Extended HSK 3 Vocabulary 151
Audio Files Download 153

INTRODUCTION

HSK 3 Storybook Vol. 1 consists of 5 short stories written in Simplified Chinese and Pinyin with **free audio files**. The purpose of this book is to provide readers with reading materials to practice their reading skills as well as an introduction to more extended sentence structure and longer articles. The stories are based on everyday life and experience.

HSK 3 Storybook Vol. 1 has **all** the vocabularies and Grammar Points in the HSK 3 Syllabus. If you finish the book, you would have practised your reading skill on all the vocabularies and Grammar Points in the HSK 3 Syllabus. This book focuses on HSK 3 vocabularies. If you need to practise HSK 1 or 2 vocabularies, please consider reading HSK 1 Storybook and HSK 2 Storybook .

I have tried to restrict the vocabularies used in this book to HSK 3 as far as possible. Where it is not possible, I have introduced limited new words in the story. If you have learned all the HSK 3 Vocabulary and completed the Standard Course Book for HSK 3 by Jiang Liping, you would be able to read about 95% of this book without learning new words.

I consider the HSK 3 Vocabulary together with the new words introduced in Standard Course Book as *Extended HSK 3 Vocabulary* and I will refer to it as such from now on.

The structure of this book is as follows:

- **Statistics** – this will provide the reader with an analysis of the words used in the story and the level of difficulty. It will

set out new words along with Pinyin and explanation. The new words set out here are not cumulative. New words are set out here as long as the words used are not in the Extended HSK 3 Vocabulary.
- **Story** – this section is the story in Simplified Chinese without Pinyin and the English translation. To test level of reading skills, you should attempt to read this section first before going to the next.
- **Pinyin and Translation** – this will be the section for Pinyin and English translation.
- **Appendix** – for the benefit of those who need assistance on the HSK 3 and HSK 3 Standard Course vocabularies, I have included them in this section for your reference.

The stories in this book are individual stories. A reader may choose to read this book in any particular order. To help you decide which story to read first, you may take a look at the statistics before you begin. The difficulty level for each story varies.

Text to speech for this book has been enabled. You may also download the **free audio files** with the link and password provided on the **last page**.

Presumably, you would have read the HSK 1 and 2 Storybook before embarking on this book. If you have enjoyed reading all the books, please leave a review or comment to let us know what do you think.

Happy reading!

B.Y Leong

HSK Storybook Series:-

HSK 1 Storybook

HSK 1 Storybook Vol. 2

HSK 1 Storybook Vol. 3

HSK 2 Storybook Vol. 1

HSK 2 Storybook Vol. 2

HSK 2 Storybook Vol. 3

HSK 3 Storybook Vol. 1

HSK 3 Storybook Vol. 2

HSK 3 Storybook Vol. 3

HSK 4 Storybook Vol. 1

HSK 4 Storybook Vol. 2

HSK 4 Storybook Vol. 3

HSK 1,2,3,4 Flashcards with Audio and Writing Practice Sheet

HSK 1 Vocabulary Writing Practice Sheet

HSK 2 Vocabulary Writing Practice Sheet

HSK 3 Vocabulary Writing Practice Sheet

HSK 4 Vocabulary Writing Practice Sheet

HSK 5 Vocabulary Writing Practice Sheet

HSK 6 Vocabulary Writing Practice Sheet

and other titles coming soon. Subscribe to our newsletter to be informed of new titles.

Go to https://allmusing.net to download sample chapters and free audio files.

Statistics for Story [1]

998 Total Word Count

308 Number of Unique Words

132 (44.3 %) of the 300 HSK 3 words are used in this Story

96.39 % of the Story comprise of the Extended HSK 1&2&3 words

20 New Words

New Words	Pinyin	Explanation
小刚	Xiǎo Gāng	Name of person
小米	Xiǎo Mǐ	Name of person
踩	Cǎi	Step on
原谅	Yuánliàng	Forgive
样子	Yàngzi	Appearance, looks
躺	Tǎng	Lie down
陪	Péi	Accompany
床上	Chuángshàng	On the bed
美女	Měinǚ	Beauty, beautiful girl
生前	Shēngqián	During one's lifetime
祝	Zhù	Wish
够	Gòu	Enough
幸福	Xìngfú	Happy, blessed

New Words	Pinyin	Explanation
拍	Pāi	Taken (photo)
本来	Běnlái	At first, originally
全部	Quánbù	Whole, all, entire
肚子	Dùzi	Belly, stomach
外边	Wàibian	Outside
大年初一	Dà nián chū yī	New Year's Day
大声	Dàshēng	Loud

[1] Celebrating Chinese New Year with Grandma
跟奶奶一起过新年

春节是我最喜欢的季节。每年爸爸和妈妈会去奶奶的家过新年。不但是我们，叔叔和阿姨都会去奶奶那边。

奶奶家的附近有一个地铁站。从我们家坐地铁去奶奶的家很方便，半个小时就到了。

奶奶今年八十八岁。奶奶看起来一点儿都不老。她的个子不大，鼻子高高，耳朵长长，嘴小小，脸红红的。如果她没有白头发就一定像个十八岁的美女。

最近这几年，因为爷爷离开了这个世界，奶奶就自己一个人住。叔叔和阿姨有自己的家，没和奶奶一起住。奶奶身体还很健康，不需要别人的帮忙。奶奶几乎每天都自己去超市买东西。她说为了能吃新鲜的菜，她必须要经常去超市了。

奶奶的房子有两层楼。妈妈很担心奶奶自己住就没有人帮她打扫地方。所以一有时间，妈妈就过去帮奶奶把地方打扫干净。奶奶说如果我们搬到附近住会比较方便，不用打地铁了。我记得爷爷生前都是这样说的。

大年初一，我们一早就到了奶奶的家。过了一会儿，叔叔和阿姨就到了。叔叔有一个女儿叫小米，而阿姨有一个儿子叫小刚。大人在里面做事，我们小孩子就在外边玩儿。

大家都穿着新的衣服跟奶奶祝新年。我穿着新的蓝衬衫和一条短裤子。小米穿着一条绿色的长裙子。因为她的个子高和瘦，看起来像树一样。

玩了一会儿，我们很口渴，而且肚子也饿了。我们在冰箱里找饮料的时候，发现全部都是啤酒，没有小孩子能喝的饮料。在这个时候，奶奶叫我们过去：

奶奶：你们在做什么？

小刚：我们在找饮料喝,但是找不到。

奶奶：天气冷，小孩子不要喝冷的饮料。去拿点儿水喝吧。

我：好吧。奶奶，我们在这儿跟奶奶聊天，好吗？

奶奶：好啊！我的爱好就是跟你们聊天。

小米：我要听奶奶讲故事。

奶奶：好，我就讲我和你爷爷年轻时候的故事给你们听。我和你爷爷是在七十年前认识的。我们在一个街道上遇到。那时，我和我阿姨一边走路一边聊天，我没看见你的爷爷所以不小心踩到了他的脚。你爷爷疼到大声叫了起来。

小米：然后怎么样？

我：然后奶奶就跟爷爷结婚了！

小刚：没有那么快吧，奶奶？

奶奶：你爷爷疼的样子真可爱。我就笑了起来。我本来打算带他去看医生，后来因为他很生气，我和阿姨就走了。

小米：你们这样就走了？然后，你们会再见面吗？

我：小米，你不是很聪明的吗？如果奶奶和爷爷没再见面的话，我们怎么样有爸爸呢？奶奶当然会再跟爷爷见面。

奶奶：我过几天又遇到他了。我的阿姨觉得很不舒服，好像有点儿发烧感冒，所以我陪她去医院让医生检查一下。我在医院里看见你的爷爷，躺在床上吃香蕉。

小刚：爷爷他也生病了吗？

奶奶：还记得奶奶踩到他的脚吗？他在医院住了几天。他突然看见我站在他房间门口，他的脸就变得很生气的样子，然后叫我出去。我不但不走，而且还跟他说对不起。然后我给了他我的蛋糕就走了。其实我也很生气他这样对我。但是我相信，只有我认真的和他说对不起，我一定可以得到他的原谅。

小米：最后怎么样了？

奶奶：你爷爷终于原谅了我，而且也爱上了我。过了一年，他越来越爱我，我也越来越爱他，所以我们就结婚了。好了，故事就这样结束。

我：奶奶，这张照片里的男人是不是爷爷年轻的时候拍的？

奶奶：是啊。

妈妈：来来来，我们来吃饭吧。我看你们都饿了。

我：我们很饱因为我们刚吃了蛋糕和香蕉。奶奶正在讲故事给我们听。

阿姨：蛋糕很甜，不要吃太多了。我们好不容易才做这么多好吃的菜，你们一定要吃完。小刚，你爸爸呢？

小刚：他去超市买点儿饮料。

阿姨：好吧。帮我把碗，盘子和筷子拿过来。多拿点儿椅子过来，这儿不够位子。小刚，你爸爸是不是走路去超市的？怎么还没回来？

小刚：不是，他是骑自行车去。

奶奶：不用着急，我觉得他马上就会回来。

我：叔叔回来了！

奶奶：快去洗手吃饭。别忘记把洗手间的灯关上。

我们一家人坐在一起吃饭过新年，这让奶奶觉得多么的幸福快乐。到了晚上，我们都要回家了。奶奶的家又变的安静下来。奶奶又要等到其他的节日才可以看到我们了。

Pinyin and Translation [1]

春节是我最喜欢的季节。每年爸爸和妈妈会去奶奶的家过新年。不但是我们，叔叔和阿姨都会去奶奶那边。

Chūnjié shì wǒ zuì xǐhuān de jìjié. Měinián bàba hé māmā huì qù nǎinai de jiāguò xīnnián. Bù dànshì wǒmen, shūshu hé āyí dūhuì qù nǎinai nà biān.

The Spring Festival is my favorite season. Every year, Dad and Mom will go to Grandma's home for the new year. My uncle and aunt will also go to Grandma's home.

奶奶家的附近有一个地铁站。从我们家坐地铁去奶奶的家很方便，半个小时就到了。

Nǎinai jiā de fùjìn yǒu yīgè dìtiě zhàn. Cóng wǒmen jiā zuò dìtiě qù nǎinai de jiā hěn fāngbiàn, bàn gè xiǎoshí jiù dàole.

There is a subway station near Grandma's house. It's very convenient to take the subway from our house to Grandma's house, and it is only half an hour away.

奶奶今年八十八岁。奶奶看起来一点儿都不老。她的个子不大，鼻子高高，耳朵长长，嘴小小，脸红红的。如果她没有白头发就一定像个十八岁的美女。

Nǎinai jīnnián bāshíbā suì. Nǎinai kàn qǐlái yīdiǎn er dōu bùlǎo. Tā de gèzi bù dà, bízi gāo gāo, ěrduǒ zhǎng zhǎng, zuǐ xiǎo xiǎo, liǎnhóng hóng de. Rúguǒ tā méiyǒu bái tóufǎ jiù yīdìng xiàng gè shíbā suì dì měinǚ.

Grandma is eighty eight years old. Grandma doesn't look old at all. She is petite, has a high nose, long ears, small mouth, and rosy cheeks. If she doesn't have white hair, she will look like an 18-year-old beauty.

最近这几年，因为爷爷离开了这个世界，奶奶就自己一个人住。叔叔和阿姨有自己的家，没和奶奶一起住。奶奶身体还很健康，不需要别人的帮忙。奶奶几乎每天都自己去超市买东西。她说为了能吃新鲜的菜，她必须要经常去超市了。

Zuìjìn zhè jǐ nián, yīnwèi yéyé líkāile zhège shìjiè, nǎinai jiù zìjǐ yīgè rén zhù. Shūshu hé āyí yǒu zìjǐ de jiā, méi hé nǎinai yīqǐ zhù. Nǎinai shēntǐ hái hěn jiànkāng, bù xūyào biérén de bāngmáng. Nǎinai jīhū měitiān dū zìjǐ qù chāoshì mǎi dōngxī. Tā shuō wèile néng chī xīnxiān de cài, tā bìxū yào jīngcháng qù chāoshìle.

In recent years, Grandma has lives alone after Grandpa passed away. Uncle and aunt have their own homes and they don't live with Grandma. Grandma is still in good health and does not need help from others. Grandma goes to the supermarket to buy things herself almost every day. She said that in order to have fresh vegetables, she has to go to the supermarket often.

奶奶的房子有两层楼。妈妈很担心奶奶自己住就没有人帮她打扫地方。所以一有时间，妈妈就过去帮奶奶把地方打扫干净。奶奶说如果我们搬到附近住会比较方便，不用打地铁了。我记得爷爷生前都是这样说的。

Nǎinai de fángzi yǒu liǎng céng lóu. Māmā hěn dānxīn nǎinai zìjǐ zhù jiù méiyǒu rén bāng tā dǎsǎo dìfāng. Suǒyǐ yī yǒu shíjiān, māmā jiù guòqù bāng nǎinai bǎ dìfāng dǎsǎo gānjìng. Nǎinai shuō rúguǒ wǒmen bān dào fùjìn zhù huì bǐjiào fāngbiàn, bùyòng dǎ dìtiěle. Wǒ jìdé yéyé shēngqián dōu shì zhèyàng shuō de.

Grandma's house has two floors. Mom was worried that there is no one to help her to clean the place. So whenever she has time, my Mom will help my Grandma clean up her place. Grandma said it would be more convenient if we move to live nearby, so we don't have to take the subway. I remember Grandpa said this as well when he was alive.

大年初一，我们一早就到了奶奶的家。过了一会儿，叔叔和阿姨就到了。叔叔有一个女儿叫小米，而阿姨有一个儿子叫小刚。大人在里面做事，我们小孩子就在外边玩儿。

Dà nián chū yī, wǒmen yīzǎo jiù dàole nǎinai de jiā. Guòle yīhuǐ'er, shūshu hé āyí jiù dàole. Shūshu yǒu yīgè nǚ'ér jiào xiǎomǐ, ér āyí yǒu yīgè er zi jiào xiǎo gāng. Dàrén zài lǐmiàn zuòshì, wǒmen xiǎo háizi jiù zài wàibian wán er.

On New Year's Day, we arrived at Grandma's house early in the morning. After a while, uncle and aunt arrived. My uncle has a daughter called Xiao Mi, and my aunt has a son called Xiao Gang. The adults will do their chores inside the house, and the children will play outside.

大家都穿着新的衣服跟奶奶祝新年。我穿着新的蓝衬衫和一条短裤子。小米穿着一条绿色的长裙子。因为她的个子高和瘦，看起来像树一样。

Dàjiā dōu chuānzhuó xīn de yīfú gēn nǎinai zhù xīnnián. Wǒ chuānzhuó xīn de lán chènshān hé yītiáo duǎn kùzi. Xiǎomǐ chuānzhuó yītiáo lǜsè de cháng qúnzi. Yīnwèi tā de gèzi gāo hè shòu, kàn qǐlái xiàng shù yīyàng.

Everyone was wearing new clothes and wishing Grandma Happy New Year. I was wearing a new blue shirt and a pair of shorts. Xiao Mi was wearing a long green skirt. Because she was tall and thin, she looked like a tree.

玩了一会儿，我们很口渴，而且肚子也饿了。我们在冰箱里找饮料的时候，发现全部都是啤酒，没有小孩子能喝的饮料。在这个时候，奶奶叫我们过去：

Wánle yīhuǐ'er, wǒmen hěn kǒu kě, érqiě dùzi yě èle. Wǒmen zài bīngxiāng lǐ zhǎo yǐnliào de shíhòu, fāxiàn quánbù dōu shì píjiǔ, méiyǒu xiǎo hái zǐ néng hē de yǐnliào. Zài zhège shíhòu, nǎinai jiào wǒmen guòqù:

After playing for a while, we were thirsty and hungry. When we went looking for a drink in the refrigerator, we found that it was just beer and no drinks for children. At this moment, Grandma called us to go over:

奶奶：你们在做什么？

Năinai: Nǐmen zài zuò shénme?

Grandma: What are you doing?

小刚：我们在找饮料喝,但是找不到。

Xiǎo Gāng: Wǒmen zài zhǎo yǐnliào hē, dànshì zhǎo bù dào.

Xiao Gang: We were looking for a drink, but we couldn't find any.

奶奶：天气冷，小孩子不要喝冷的饮料。去拿点儿水喝吧。

Năinai: Tiānqì lěng, xiǎo háizi bùyào hē lěng de yǐnliào. Qù ná diǎn er shuǐ hē ba.

Grandma: The weather is cold. Children should not drink cold drinks. Get some water to drink.

我：好吧。奶奶，我们在这儿跟奶奶聊天，好吗？

Wǒ: Hǎo ba. Nǎinai, wǒmen zài zhè'er gēn nǎinai liáotiān, hǎo ma?

Me: Okay. Grandma, shall we chit chat with Grandma here?

奶奶：好啊！我的爱好就是跟你们聊天。

Nǎinai: Hǎo a! Wǒ de àihào jiùshì gēn nǐmen liáotiān.

Grandma: Ok! My favourite pass time is chatting with you.

小米：我要听奶奶讲故事。

Xiǎo Mǐ: Wǒ yào tīng nǎinai jiǎng gùshì.

Xiao Mi: I want to hear Grandma tell a story.

奶奶：好，我就讲我和你爷爷年轻时候的故事给你们听。我和你爷爷是在七十年前认识的。我们在一个街道上遇到。那时，我和我阿姨一边走路一边聊天，我没看见你的爷爷所以不小心踩到了他的脚。你爷爷疼到大声叫了起来。

Nǎinai: Hǎo, wǒ jiù jiǎng wǒ hé nǐ yéyé niánqīng shíhòu de gùshì gěi nǐmen tīng. Wǒ hé nǐ yéyé shì zài qīshí nián qián rènshì de. Wǒmen zài yīgè jiēdào shàng yù dào. Nà shí, wǒ hé wǒ āyí yībiān zǒulù yībiān liáotiān, wǒ méi kànjiàn nǐ de yéyé suǒyǐ bù xiǎoxīn cǎi dàole tā de jiǎo. Nǐ yéyé téng dào dàshēng jiàole qǐlái.

Grandma: Ok, let me tell you the story of me and your Grandpa when we were young. Your Grandpa and I met each other 70 years ago. We met on the street. At that time, I was chatting with my aunt while walking. I didn't see your Grandpa so I accidentally stepped on his foot. Your Grandpa screamed in pain.

小米：然后怎么样？

Xiǎo Mǐ: Ránhòu zěnme yàng?

Xiao Mi: Then what happened?

我：然后奶奶就跟爷爷结婚了！

Wǒ: Ránhòu nǎinai jiù gēn yéyé jiéhūnle!

Me: And then Grandma married Grandpa!

小刚：没有那么快吧，奶奶？

Xiǎo Gāng: Méiyǒu nàme kuài ba, nǎinai?

Xiao Gang: It is not that fast is it, Grandma?

奶奶：你爷爷疼的样子真可爱。我就笑了起来。我本来打算带他去看医生，后来因为他很生气，我和阿姨就走了。

Nǎinai: Nǐ yéyé téng de yàngzi zhēn kě'ài. Wǒ jiù xiàole qǐlái. Wǒ běnlái dǎsuàn dài tā qù kàn yīshēng, hòulái yīnwèi tā hěn shēngqì, wǒ hé āyí jiù zǒule.

Grandma: Your Grandpa looked so cute. I laughed. I was going to take him to the doctor, but because he was so angry, my aunt and I left.

小米：你们这样就走了？然后，你们会再见面吗？

Xiǎo Mǐ: Nǐmen zhèyàng jiù zǒule? Ránhòu, nǐmen huì zài jiànmiàn ma?

Xiao Mi: You just left? Then will you meet him again?

我：小米，你不是很聪明的吗？如果奶奶和爷爷没再见面的话，我们怎么样有爸爸呢？奶奶当然会再跟爷爷见面。

Wǒ: Xiǎo Mǐ, nǐ bùshì hěn cōngmíng de ma? Rúguǒ nǎinai hé yéyé méi zài jiànmiàn dehuà, wǒmen zěnme yàng yǒu bàba ne? Nǎinai dāngrán huì zài gēn yéyé jiànmiàn.

Me: Xiao Mi, aren't you supposed to be very smart? If Grandma and Grandpa don't meet again, how can we have a dad? Grandma will of course meet with Grandpa again.

奶奶：我过几天又遇到他了。我的阿姨觉得很不舒服，好像有点儿发烧感冒，所以我陪她去医院让医生检查一下。我在医院里看见你的爷爷，躺在床上吃香蕉。

Nǎinai: Wǒguò jǐ tiān yòu yù dào tāle. Wǒ de āyí juédé hěn bú shūfú, hǎoxiàng yǒudiǎn er fāshāo gǎnmào, suǒyǐ wǒ péi tā qù yīyuàn ràng yīshēng jiǎnchá yīxià. Wǒ zài yīyuàn lǐ kànjiàn nǐ de yéyé, tǎng zài chuángshàng chī xiāngjiāo.

Grandma: I met him again a few days later. My aunt was not well, she had a fever and a cold, so I accompanied her to the hospital for a check up. I saw your Grandpa in the hospital, he was in bed eating a banana.

小刚：爷爷他也生病了吗？

Xiǎo Gāng: Yéyé tā yě shēngbìngle ma?

Xiao Gang: Was Grandpa sick?

奶奶：还记得奶奶踩到他的脚吗？他在医院住了几天。他突然看见我站在他房间门口，他的脸就变得很生气的样子，然后叫我出去。我不但不走，而且还跟他说对不起。然后我给了他我的蛋糕就走了。其实我也很生气他这样对我。但是我相信，只有我认真的和他说对不起，我一定可以得到他的原谅。

Nǎinai: Hái jìdé nǎinai cǎi dào tā de jiǎo ma? Tā zài yīyuàn zhùle jǐ tiān. Tā túrán kànjiàn wǒ zhàn zài tā fángjiān ménkǒu, tā de liǎn jiù biàn dé hěn shēngqì de yàngzi, ránhòu jiào wǒ chūqù. Wǒ bùdàn bù zǒu, érqiě hái gēn tā shuō duìbùqǐ. Ránhòu wǒ gěile tā wǒ de dàngāo jiù zǒule. Qíshí wǒ yě hěn shēngqì tā zhèyàng duì wǒ. Dànshì wǒ xiāngxìn, zhǐyǒu wǒ rènzhēn de hé tā shuō duìbùqǐ, wǒ yīdìng kěyǐ dédào tā de yuánliàng.

Grandma: Do you remember Grandma stepped on his foot? He stayed in the hospital for a few days. When he suddenly saw me standing at his door, he became very angry, and then he told me to get out. Not only that I did not leave, but I also told him I was sorry. Then I gave him my cake and left. In fact, I was also very angry that he did this to me. But I believe that if I sincerely say sorry to him, I will definitely get his forgiveness.

小米：最后怎么样了？

Xiǎo Mǐ: Zuìhòu zěnme yàngle?

Xiao Mi: What happened in the end?

奶奶：你爷爷终于原谅了我，而且也爱上了我。过了一年，他越来越爱我，我也越来越爱他，所以我们就结婚了。好了，故事就这样结束。

奶奶：你爷爷终于原谅了我，而且也爱上了我。过了一年，他越来越爱我，我也越来越爱他，所以我们就结婚了。好了，故事就这样结束。

Nǎinai: Nǐ yéyé zhōngyú yuánliàngle wǒ, érqiě yě ài shàngle wǒ. Guòle yī nián, tā yuè lái yuè ài wǒ, wǒ yě yuè lái yuè ài tā, suǒyǐ wǒmen jiù jiéhūnle. Hǎole, gùshì jiù zhèyàng jiéshù.

Grandma: Your Grandpa finally forgave me and fell in love with me. After a year, he loved me more and more, and I loved him more and more, so we got married. Well, that's the end of the story.

我：奶奶，这张照片里的男人是不是爷爷年轻的时候拍的？

Wǒ: Nǎinai, zhè zhāng zhàopiàn lǐ de nánrén shì bùshì yéyé niánqīng de shíhòu pāi de?

Me: Grandma, is this man in the picture Grandpa when he was young?

奶奶：是啊。

Nǎinai: Shì a.

Grandma: Yes.

妈妈：来来来，我们来吃饭吧。我看你们都饿了。

Māmā: Lái lái lái, wǒmen lái chīfàn ba. Wǒ kàn nǐmen dōu èle.

Mom: Come, let's eat. I think you are all hungry.

我：我们很饱因为我们刚吃了蛋糕和香蕉。奶奶正在讲故事给我们听。

Wǒ: Wǒmen hěn bǎo yīnwèi wǒmen gāng chīle dàngāo hé xiāngjiāo. Nǎinai zhèngzài jiǎng gùshì gěi wǒmen tīng.

Me: We are very full because we just ate cake and banana. Grandma is telling us a story.

阿姨：蛋糕很甜，不要吃太多了。我们好不容易才做这么多好吃的菜，你们一定要吃完。小刚，你爸爸呢？

Āyí: Dàngāo hěn tián, bùyào chī tài duōle. Wǒmen hǎobù róngyì cái zuò zhème duō hào chī de cài, nǐmen yīdìng yào chī wán. Xiǎo gāng, nǐ bàba ne?

Aunt: The cake is very sweet, don't eat too much. We have made so many delicious dishes, you must finish. Xiao Gang, where is your Dad?

小刚：他去超市买点儿饮料。

Xiǎo Gāng: Tā qù chāoshì mǎidiǎn er yǐnliào.

Xiao Gang: He went to the supermarket to buy some drinks.

阿姨：好吧。帮我把碗，盘子和筷子拿过来。多拿点儿椅子过来，这儿不够位子。小刚，你爸爸是不是走路去超市的？怎么还没回来？

Āyí: Hǎo ba. Bāng wǒ bǎ wǎn, pánzi hé kuàizi ná guòlái. Duō ná diǎn er yǐzi guòlái, zhè'er bùgòu wèizi. Xiǎo gāng, nǐ bàba shì bùshì zǒulù qù chāoshì de? Zěnme hái méi huílái?

Aunt: Alright. Help me bring the bowls, plates and chopsticks. Get more chairs. There's not enough space here. Xiao Gang, did your Dad walk to the supermarket? Why isn't he back yet?

小刚：不是，他是骑自行车去。

Xiǎo Gāng: Bùshì, tā shì qí zìxíngchē qù.

Xiao Gang: No, he rode the bike.

奶奶：不用着急，我觉得他马上就会回来。

Nǎinai: Bùyòng zhāojí, wǒ juédé tā mǎshàng jiù huì huílái.

Grandma: Don't worry, I think he will be back soon.

我：叔叔回来了！

Wǒ: Shūshu huíláile!

Me: Uncle is back!

奶奶：快去洗手吃饭。别忘记把洗手间的灯关上。

Nǎinai: Kuài qù xǐshǒu chīfàn. Bié wàngjì bǎ xǐshǒujiān de dēng guānshàng.

Grandma: Go wash your hands and eat. Don't forget to turn off the bathroom light.

我们一家人坐在一起吃饭过新年，这让奶奶觉得多么的幸福快乐。到了晚上，我们都要回家了。奶奶的家又变的安静下来。奶奶又要等到其他的节日才可以看到我们了。

Wǒmen yījiā rén zuò zài yīqǐ chīfànguò xīnnián, zhè ràng nǎinai juédé duōme de xìngfú kuàilè. Dàole wǎnshàng, wǒmen dōu yào huí jiāle. Nǎinai de jiā yòu biàn de ānjìng xiàlái. Nǎinai yòu yào děngdào qítā de jiérì cái kěyǐ kàn dào wǒmenle.

Our family sat together to have our New Year's Eve dinner, and Grandma felt so happy and blessed. Later that night, we all went home. Grandma's home became quiet again. Grandma will not see us until the next festival.

Statistics for Story [2]

1177 Total Word Count

290 Number of Unique Words

126 (42.28 %) of the 300 HSK 3 words are used in this Story

92.18 % of the Story comprise of the Extended HSK 1&2&3 words

17 New Words

New Words	Pinyin	Explanation
小刚	Xiǎo Gāng	Name of person
小月	Xiǎo Yuè	Name of person
小李	Xiǎo Lǐ	Name of person
活动	Huódòng	Activity
导游	Dǎoyóu	Tourist guide
山	Shān	Mountain
鞋子	Xiézi	Shoes
举行	Jǔxíng	Hold, conduct
巴士	Bāshì	Bus
租	Zū	Rent
出发	Chūfā	Set off, depart
空气	Kōngqì	Air

New Words	Pinyin	Explanation
所有	Suǒyǒu	All
留下	Liú xià	Remain, stay behind
木	Mù	Wood
便	Biàn	So
以为	Yǐwéi	Thought

[2] Company Trip
公司活动

小刚在一个做饮料的公司工作。他在那儿工作了三年了。他选择这个工作是因为他对甜的饮料和啤酒很感兴趣。在公司里，他不但有自己的办公室，而且公司给了他一个笔记本电脑。

小刚很努力地工作，在这三年里没有请假。经理对他的工作很满意，一直对同事说他们需要向小刚学习。

有一天，经理叫小刚开完会议后去他的办公室，因为他有事情跟小刚说。

经理：公司决定要在这个周末举行一个公司活动。所有的同事都一定需要参加这个活动。

小刚：在这个周末？我担心时间会太短。我们以前有几个星期来准备公司活动的。

经理：今年没有时间因为公司有很多事情。小刚，除了你，没有其他人可以帮忙了。

小刚：经理，我需要先想一想才回答你。

经理：小刚，你工作的成绩一直都不差。这是一个很好的机会把你的工作水平再提高点儿，你不要错过这个机会啊。

经理已经决定了让小刚做这个活动，小刚也没什么办法。最后，小刚虽然很不愿意，但是还是需要帮忙举行公司的活动。从那一刻开始，他除了想公司活动应该怎么去做，其他事情都没时间去想了。小刚经常上网看有什么地方可以去，和有什么好玩儿的游戏。

准备好后，小刚便去见他的经理了：

经理：你打算租几辆巴士？

小刚：我们公司一共有五十个人。我打算租一辆巴士。

经理：我们的同事没什么运动，你认为他们能去爬山吗？

小刚：这个山不是很高，才六百米。您放心，我还请了一位导游来跟着和我们一起去爬山。如果有人认为爬山很难，这位导游还可以教他们。

经理：其实，我觉得选择爬山这种活动很奇怪。

小刚：不奇怪。爬山不但是一种很好的体育运动，而且在山上的环境很好，很多花草树木，空气也特别好。在山上也可以看到很多种小鸟，他们的声音也特别的好听。爬山不但是我的爱好，而且我每年都要去参加爬山比赛。

经理：看来你真的对爬山很感兴趣。好吧。

得到了经理的同意后，小刚就向同事说：

小刚：同事们请注意，我有一件事情和大家说。我们这个周末有一个公司活动。大家都必须参加这个活动。

小月：今年的活动是什么？

小李：做什么活动都没问题，不过就一定要在城市里和有文化的地方。因为现在是夏季，所以天气会特别的热。如果我们去没有空调的地方一定会觉得非常热。

小月：你总是有这么多要求。你以为你是经理吗？

小李：那你认为必须怎么做才是最好呢？

小月：我认为我们应该去一个大家没去过的地方。

小刚：没错。经理和我就是选择了一个大家会很感兴趣的活动。那就是爬山。

小李：什么？爬山？你们有没有想清楚啊？我们去哪儿爬山？我这么胖，很难爬山吧。

小月：你总是吃蛋糕和其他甜的东西，能不胖吗？

小刚：爬山是一种体育运动，会提高你的健康。其实，爬山很容易，一点儿都不难。试一试吧。怎么样？

小李：我们去哪个山啊？

小刚：我现在不能说太多。只能说那个山是在北方，天气不冷不热。那边的人还特别热情。这个地方很有名，很有历史。你们一定会喜欢。因为那边没有超市，主要的是你们必须带好爬山需要用到的东西。我们早上七点从这里出发。记得，不要迟到。

到了公司活动那天：

小刚：欢迎大家来参加我们今天的活动。让我来介绍，这是我们的导游。他会跟我们一起去爬山。大家好好地听导游介绍我们今天的节目。

导游：大家好。今天的天气很好。不会刮风也不会下雨。一路上我们会经过很多地方。我会给大家一个地图。你们会在地图上看见我们会经过的地方。我已经选择了几个有意思的地方带你们去走走。如果你们还有什么地方想要去的话，就让我知道。上车前，请你们先把你们的行李箱放在这儿。大家准备好了吗？准备好的话我们就出发了。

小月：等一下。小李还没到呢。

小刚：他又迟到了。我们的车不能等太久。给他打个电话吧。

小月：我已经打了好几次给他了，但是他一点儿都没听我的电话。

小刚：我们再等他十分钟。如果十分钟后他还没到，我们就不能再等了。

过了十分钟：

小李：对不起，我迟到了。

小月：你为什么迟到啊？我们差点儿就要走了。你的行李箱怎么这么大，有多少公斤？

小李：衣服、鞋子、帽子，一个都不能少。我担心会刮风下雨，所以我就带了一把大伞。这大伞应该有五公斤。

小月：刚才导游说今天不会刮风下雨。我认为你不用带这把伞了。这些是什么？是不是蛋糕和饮料？我可以吃吗？

小李：当然可以。我多买了蛋糕和饮料给大家吃的。好吧，我就把这大伞留下吧。

小月：你的照相机呢？

小李：我弟弟借了我的照相机还没还。我真担心他不会好好照顾我的照相机。

小月：你的照相机这么旧了，如果坏了，你就去买个新的照相机吧。我的照相机比较新，今天就用我的照相机吧。小李，你为什么穿这双鞋子去爬山啊？

小李：这双鞋子有什么不好？这双鞋子很舒服。你要试试看？

小月：不要。我们还是快上车吧。司机和导游已经等我们很久了。

Pinyin and Translation [2]

小刚在一个做饮料的公司工作。他在那儿工作了三年了。他选择这个工作是因为他对甜的饮料和啤酒很感兴趣。在公司里，他不但有自己的办公室，而且公司给了他一个笔记本电脑。

Xiǎo Gāng zài yīgè zuò yǐnliào de gōngsī gōngzuò. Tā zài nà'er gōngzuòle sān niánle. Tā xuǎnzé zhège gōngzuò shì yīnwèi tā duì tián de yǐnliào hé píjiǔ hěn gǎn xìngqù. Zài gōngsī lǐ, tā bùdàn yǒu zìjǐ de bàngōngshì, érqiě gōngsī gěile tā yīgè bǐjìběn diànnǎo.

Xiao Gang works at a company that manufactures drinks. He has been working there for three years. He chose this job because he is interested in sweet beverages and beer. In addition to giving him an office, the company also provided him a laptop.

小刚很努力地工作，在这三年里没有请假。经理对他的工作很满意，一直对同事说他们需要向小刚学习。

Xiǎo Gāng hěn nǔlì dì gōngzuò, zài zhè sān nián lǐ méiyǒu qǐngjià. Jīnglǐ duì tā de gōngzuò hěn mǎnyì, yīzhí duì tóngshì shuō tāmen xūyào xiàng xiǎo gāng xuéxí.

Xiao Gang worked very hard and did not take any leave in these three years. The manager is very satisfied with his work and has always told his colleagues to learn from Xiao Gang.

有一天，经理叫小刚开完会议后去他的办公室，因为他有事情跟小刚说。

Yǒu yītiān, jīnglǐ jiào xiǎo gāng kāi wán huìyì hòu qù tā de bàngōngshì, yīnwèi tā yǒu shìqíng gēn Xiǎo Gāng shuō.

One day, the manager asked Xiao Gang to go to his office after his meeting because he has something to tell Xiao Gang.

经理：公司决定要在这个周末举行一个公司活动。所有的同事都一定需要参加这个活动。

Jīnglǐ: Gōngsī juédìng yào zài zhège zhōumò jǔxíng yīgè gōngsī huódòng. Suǒyǒu de tóngshì dōu yīdìng xūyào cānjiā zhège huódòng.

Manager: The company decided to hold a company event this weekend. All colleagues must participate in this event.

小刚：在这个周末？我担心时间会太短。我们以前有几个星期来准备公司活动的。

Xiǎo Gāng: Zài zhège zhōumò? Wǒ dānxīn shíjiān huì tài duǎn. Wǒmen yǐqián yǒu jǐ gè xīngqí lái zhǔnbèi gōngsī huódòng de.

Xiao Gang: This weekend? I worry that time will be too short. We used to take a few weeks to prepare for company events.

经理：今年没有时间因为公司有很多事情。小刚，除了你，没有其他人可以帮忙了。

Jīnglǐ: Jīnnián méiyǒu shíjiān yīnwèi gōngsī yǒu hěnduō shìqíng. Xiǎo Gāng, chúle nǐ, méiyǒu qítā rén kěyǐ bāngmángle.

Manager: There is not enough time this year because the company has a lot of matters. Xiao Gang, no one can help except you.

小刚：经理，我需要先想一想才回答你。

Xiǎo Gāng: Jīnglǐ, wǒ xūyào xiān xiǎng yī xiǎng cái huídá nǐ.

Xiao Gang: Manager, I need to think about it.

经理：小刚，你工作的成绩一直都不差。这是一个很好的机会把你的工作水平再提高点儿，你不要错过这个机会啊。

Jīnglǐ: Xiǎo gāng, nǐ gōngzuò de chéngjī yīzhí dōu bù chā. Zhè shì yīgè hěn hǎo de jīhuì bǎ nǐ de gōngzuò shuǐpíng zài tígāo diǎn er, nǐ bùyào cuòguò zhège jīhuì a.

Manager: Xiao Gang, your performance have always been good. This is a good opportunity to improve your work performance further, you should not miss this opportunity.

经理已经决定了让小刚做这个活动，小刚也没什么办法。最后，小刚虽然很不愿意，但是还是需要帮忙举行公司的活动。从那一刻开始，他除了想公司活动应该怎么去做，其他事情都没时间去想了。小刚经常上网看有什么地方可以去，和有什么好玩儿的游戏。

Jīnglǐ yǐjīng juédìngle ràng xiǎo gāng zuò zhège huódòng, xiǎo gāng yě méishénme bànfǎ. Zuìhòu, xiǎo gāng suīrán hěn bù yuànyì, dànshì háishì xūyào bāngmáng jǔxíng gōngsī de huódòng. Cóng nà yīkè kāishǐ, tā chúle xiǎng gōngsī huódòng yīnggāi zěnme qù zuò, qítā shìqíng dōu méi shíjiān qù xiǎngle. Xiǎo gāng jīngcháng shàngwǎng kàn yǒu shé me dìfāng kěyǐ qù, hé yǒu shé me hǎowán er de yóuxì.

The manager has decided to ask Xiao Gang to help with this activity, and therefore Xiao Gang has no choice. In the end, although Xiao Gang was very reluctant, he still agreed to help with the company's activities. From that moment on, he had no time to think about anything other than how the company activities should be done. Xiao Gang often goes online to check where should they all go and what games are fun.

准备好后，小刚便去见他的经理了：

Zhǔnbèi hǎo hòu, xiǎo gāng biàn qù jiàn tā de jīnglǐle:

When he was ready, Xiao Gang went to see his manager:

经理：你打算租几辆巴士？

Jīnglǐ: Nǐ dǎsuàn zū jǐ liàng bāshì?

Manager: How many buses do you plan to rent?

小刚：我们公司一共有五十个人。我打算租一辆巴士。

Xiǎo Gāng: Wǒmen gōngsī yīgòng yǒu wǔshí gèrén. Wǒ dǎsuàn zū yī liàng bāshì.

Xiao Gang: There are fifty people in our company. I plan to rent one bus.

经理：我们的同事没什么运动，你认为他们能去爬山吗？

Jīnglǐ: Wǒmen de tóngshì méishénme yùndòng, nǐ rènwéi tāmen néng qù páshān ma?

Manager: Our colleagues don't exercise a lot. Do you think they can go mountain climbing?

小刚：这个山不是很高，才六百米。您放心，我还请了一位导游来跟着和我们一起去爬山。如果有人认为爬山很难，这位导游还可以教他们。

Xiǎo Gāng: Zhège shān bùshì hěn gāo, cái liùbǎi mǐ. Nín fàngxīn, wǒ huán qǐngle yī wèi dǎoyóu lái gēnzhe hé wǒmen yīqǐ qù páshān. Rúguǒ yǒurén rènwéi páshān hěn nán, zhè wèi dǎoyóu hái kěyǐ jiào tāmen.

Xiao Gang: This hill is not very high. It is only 600 meters. Rest assured, I have also invited a tour guide to follow us. If anyone has difficulty climbing, the guide will coach them.

经理：其实，我觉得选择爬山这种活动很奇怪。

Jīnglǐ: Qíshí, wǒ juédé xuǎnzé páshān zhè zhǒng huódòng hěn qíguài.

Manager: Actually, I think it's strange for you to choose mountain climbing.

小刚：不奇怪。爬山不但是一种很好的体育运动，而且在山上的环境很好，很多花草树木，空气也特别好。在山上也可以看到很多种小鸟，他们的声音也特别的好听。爬山不但是我的爱好，而且我每年都要去参加爬山比赛。

Xiǎo Gāng: Bù qíguài. Páshān bù dànshì yī zhǒng hěn hǎo de tǐyù yùndòng, érqiě zài shānshàng de huánjìng hěn hǎo, hěnduō huācǎo shùmù, kōngqì yě tèbié hǎo. Zài shānshàng yě kěyǐ kàn dào hěnduō zhǒng xiǎo niǎo, tāmen de shēngyīn yě tèbié de hǎotīng. Páshān bù dànshì wǒ de àihào, érqiě wǒ měinián dōu yào qù cānjiā páshān bǐsài.

Xiao Gang: It is not surprising. Mountain climbing is not only a good sport, but the environment on the mountain is very good too, there are many flowers and trees, and the air is particularly good. Many birds can also be seen on the mountain, and their voices sound good. Mountain climbing is my hobby, and I also participate in competitions every year.

经理：看来你真的对爬山很感兴趣。好吧。

Jīnglǐ: Kàn lái nǐ zhēn de duì páshān hěn gǎn xìngqù. Hǎo ba.

Manager: It seems that you are really interested in mountain climbing. Ok then.

得到了经理的同意后，小刚就向同事说：

Dédàole jīnglǐ de tóngyì hòu, xiǎo gāng jiù xiàng tóngshì shuō:

After getting the manager's consent, Xiao Gang said to his colleagues:

小刚：同事们请注意，我有一件事情和大家说。我们这个周末有一个公司活动。大家都必须参加这个活动。

Xiǎo Gāng: Tóngshìmen qǐng zhùyì, wǒ yǒuyī jiàn shìqíng hé dàjiā shuō. Wǒmen zhège zhōumò yǒu yīgè gōngsī huódòng. Dàjiā dōu bìxū cānjiā zhège huódòng.

Xiao Gang: Colleagues, please take note that we will be having a company event this weekend. Everyone must participate in this event.

小月：今年的活动是什么？

Xiǎo Yuè: Jīnnián de huódòng shì shénme?

Xiao Yue: What is this year's event?

小李：做什么活动都没问题，不过就一定要在城市里和有文化的地方。因为现在是夏季，所以天气会特别的热。如果我们去没有空调的地方一定会觉得非常热。

Xiǎo Lǐ: Zuò shénme huódòng dōu méi wèntí, bùguò jiù yīdìng yào zài chéngshì lǐ hé yǒu wénhuà dì dìfāng. Yīnwèi xiànzài shì xiàjì, suǒyǐ tiānqì huì tèbié de rè. Rúguǒ wǒmen qù méiyǒu kòng diào dì dìfāng yīdìng huì juédé fēicháng rè.

Xiao Li: It doesn't matter what activities we do, but we must be in a city and a cultural place. Because it is summer, the weather will be extremely hot. If we go to a place without air conditioning, we will definitely feel very hot.

小月：你总是有这么多要求。你以为你是经理吗？

Xiǎo Yuè: Nǐ zǒng shì yǒu zhème duō yāoqiú. Nǐ yǐwéi nǐ shì jīnglǐ ma?

Xiao Yue: You always have so many demands. Do you think you are the manager?

小李：那你认为必须怎么做才是最好呢？

Xiǎo lǐ: Nà nǐ rènwéi bìxū zěnme zuò cái shì zuì hǎo ne?

Xiao Li: So what do you think we should do?

小月：我认为我们应该去一个大家没去过的地方。

Xiǎo Yuè: Wǒ rènwéi wǒmen yīnggāi qù yīgè dàjiā méi qùguò dì dìfāng.

Xiao Yue: I think we should go to a place that everyone hasn't been to.

小刚：没错。经理和我就是选择了一个大家会很感兴趣的活动。那就是爬山。

Xiǎo Gāng: Méi cuò. Jīnglǐ hé wǒ jiùshì xuǎnzéle yīgè dàjiā huì hěn gǎn xìngqù de huódòng. Nà jiùshì páshān.

Xiao Gang: Exactly. The manager and I chose an event that everyone would be interested in. That is mountain climbing.

小李：什么？爬山？你们有没有想清楚啊？我们去哪儿爬山？我这么胖，很难爬山吧。

Xiǎo Lǐ: Shénme? Páshān? Nǐmen yǒu méiyǒu xiǎng qīngchǔ a? Wǒmen qù nǎ'er páshān? Wǒ zhème pàng, hěn nán páshān ba.

Xiao Li: What? Mountain climbing? Have you considered it properly? Where is the mountain? I'm so fat, it's hard for me to climb a mountain.

小月：你总是吃蛋糕和其他甜的东西，能不胖吗？

Xiǎo Yuè: Nǐ zǒng shì chī dàngāo hé qítā tián de dōngxī, néng bù pàng ma?

Xiao Yue: You always eat cakes and other sweet things. Can you not get fat?

小刚：爬山是一种体育运动，会提高你的健康。其实，爬山很容易，一点儿都不难。试一试吧。怎么样？

Xiǎo Gāng: Páshān shì yī zhǒng tǐyù yùndòng, huì tígāo nǐ de jiànkāng. Qíshí, páshān hěn róngyì, yīdiǎn er dōu bù nán. Shì yī shì ba. Zěnme yàng?

Xiao Gang: Mountain climbing is a sport that will improve your health. In fact, climbing mountain is easy, not at all difficult. Why don't you give it a try.

小李：我们去哪个山啊？

Xiǎo Lǐ: Wǒmen qù nǎge shān a?

Xiao Li: Which mountain are we going to?

小刚：我现在不能说太多。只能说那个山是在北方，天气不冷不热。那边的人还特别热情。这个地方很有名，很有历史。你们一定会喜欢。因为那边没有超市，主要的是你们必须带好爬山需要用到的东西。我们早上七点从这里出发。记得，不要迟到。

Xiǎo Gāng: Wǒ xiànzài bùnéng shuō tài duō. Zhǐ néng shuō nàgè shān shì zài běifāng, tiānqì bù lěng bù rè. Nà biān de rén hái tèbié rèqíng. Zhège dìfāng hěn yǒumíng, hěn yǒu lìshǐ.

Nǐmen yīdìng huì xǐhuān. Yīnwèi nà biān méiyǒu chāoshì, zhǔyào de shì nǐmen bìxū dàihǎo páshān xūyào yòng dào de dōngxī. Wǒmen zǎoshang qī diǎn cóng zhèlǐ chūfā. Jìdé, bùyào chídào.

Xiao Gang: I can't tell you much now. I can only tell you that the hill is in the north and the weather is neither cold nor hot. The people over there are very friendly. This place is very famous and historical. You will love it. Because there is no supermarket over there, you must bring everything you need to climb the hill. We leave here at 7 in the morning. Remember, don't be late.

到了公司活动那天：

Dàole gōngsī huódòng nèitiān:

On the day of the event:

小刚：欢迎大家来参加我们今天的活动。让我来介绍，这是我们的导游。他会跟我们一起去爬山。大家好好地听导游介绍我们今天的节目。

Xiǎo Gāng: Huānyíng dàjiā lái cānjiā wǒmen jīntiān de huódòng. Ràng wǒ lái jièshào, zhè shì wǒmen de dǎoyóu. Tā huì gēn wǒmen yīqǐ qù páshān. Dàjiā hǎohǎo de tīng dǎoyóu jièshào wǒmen jīntiān de jiémù.

Xiao Gang: Thank you for joining us today. Let me introduce our guide. He will also go climbing with us. Everyone, pay attention to the tour guide as he will present our program today.

导游：大家好。今天的天气很好。不会刮风也不会下雨。一路上我们会经过很多地方。我会给大家一个地图。你们会在地图上看见我们会经过的地方。我已经选择了几个有意思的地方带你们去走走。如果你们还有什么地方想要去的话，就让我知道。上车前，请你们先把你们的行李箱放在这儿。大家准备好了吗？准备好的话我们就出发了。

Dǎoyóu: Dàjiā hǎo. Jīntiān de tiānqì hěn hǎo. Bù huì guā fēng yě bù huì xià yǔ. Yī lùshàng wǒmen huì jīngguò hěnduō dìfāng. Wǒ huì gěi dàjiā yī gè dìtú. Nǐmen huì zài dìtú shàng kànjiàn wǒmen huì jīngguò dì dìfāng. Wǒ yǐjīng xuǎnzéle jǐ gè yǒuyìsi dì dìfāng dài nǐmen qù zǒu zǒu. Rúguǒ nǐmen hái yǒu shé me dìfāng xiǎng yào qù dehuà, jiù ràng wǒ zhīdào. Shàng chē qián, qǐng nǐmen xiān bǎ nǐmen de xínglǐ xiāng fàng zài zhè'er. Dàjiā zhǔnbèi hǎole ma? Zhǔnbèi hǎo dehuà wǒmen jiù chūfāle.

Guide: Hello everyone. The weather is great today. It is not windy, nor is it going to rain. We will pass by many places along the way. I will give you a map. You will see the places that we are passing by on the map. I have chosen a few interesting places to take you around. If you have any other places you want to go, please let me know. Before you get on the bus, please leave your suitcases here. Are you ready? If you are ready, then let's go.

小月：等一下。小李还没到呢。

Xiǎo Yuè: Děng yīxià. Xiǎo Lǐ hái méi dào ne.

Xiao Yue: Hold on. Xiao Li hasn't arrived yet.

小刚：他又迟到了。我们的车不能等太久。给他打个电话吧。

Xiăo Gāng: Tā yòu chídàole. Wǒmen de chē bùnéng děng tài jiǔ. Gěi tā dǎ gè diànhuà ba.

Xiao Gang: He is late again. Our bus cannot wait too long. Please give him a call.

小月：我已经打了好几次给他了，但是他一点儿都没听我的电话。

Xiăo Yuè: Wǒ yǐjīng dǎle hǎojǐ cì gěi tāle, dànshì tā yīdiǎn er dōu méi tīng wǒ de diànhuà.

Xiao Yue: I called him several times, but he didn't answer my calls.

小刚：我们再等他十分钟。如果十分钟后他还没到，我们就不能再等了。

Xiăo Gāng: Wǒmen zài děng tā shí fēnzhōng. Rúguǒ shí fēnzhōng hòu tā hái méi dào, wǒmen jiù bùnéng zài děngle.

Xiao Gang: Let's wait for him for another ten minutes. If he doesn't arrive in ten minutes, we will not wait any longer.

过了十分钟：

Guòle shí fēnzhōng:

After ten minutes:

小李：对不起，我迟到了。

Xiǎo Lǐ: Duìbùqǐ, wǒ chídàole.

Xiao Li: I'm sorry, I'm late.

小月：你为什么迟到啊？我们差点儿就要走了。你的行李箱怎么这么大，有多少公斤？

Xiǎo Yuè: Nǐ wèishéme chídào a? Wǒmen chàdiǎn er jiù yào zǒule. Nǐ de xínglǐ xiāng zěnme zhème dà, yǒu duōshǎo gōngjīn?

Xiao Yue: Why are you late? We are about to leave. Why is your suitcase so big and how many kilograms is it?

小李：衣服，鞋子，帽子，一个都不能少。我担心会刮风下雨，所以我就带了一把大伞。这大伞应该有五公斤。

Xiǎo Lǐ: Yīfú, xiézi, màozi, yīgè dōu bùnéng shǎo. Wǒ dānxīn huì guā fēng xià yǔ, suǒyǐ wǒ jiù dàile yī bǎ dà sǎn. Zhè dà sǎn yīnggāi yǒu wǔ gōngjīn.

Xiao Li: I can't be short of clothes, shoes, and hats. I was worried that it is going to get windy and heavy rain, so I brought a big umbrella. This big umbrella should weigh around five kilograms.

小月：刚才导游说今天不会刮风下雨。我认为你不用带这把伞了。这些是什么？是不是蛋糕和饮料？我可以吃吗？

Xiǎo Yuè: Gāngcái dǎoyóu shuì jīntiān bù huì guā fēng xià yǔ. Wǒ rènwéi nǐ bùyòng dài zhè bǎ sǎnle. Zhèxiē shì shénme? Shì bùshì dàngāo hé yǐnliào? Wǒ kěyǐ chī ma?

Xiao Yue: Our guide just said that it wouldn't be windy or rainy today. I don't think you need to bring this umbrella. What are these? Are these cakes and drinks? Can i have some?

小李：当然可以。我多买了蛋糕和饮料给大家吃的。好吧，我就把这大伞留下吧。

Xiǎo Lǐ: Dāngrán kěyǐ. Wǒ duō mǎile dàngāo hé yǐnliào gěi dàjiā chī de. Hǎo ba, wǒ jiù bǎ zhè dà sǎn liú xià ba.

Xiao Li: Of course. I bought more for everyone. Ok, I'll leave this big umbrella behind.

小月：你的照相机呢？

Xiǎo Yuè: Nǐ de zhàoxiàngjī ne?

Xiao Yue: What about your camera?

小李：我弟弟借了我的照相机还没还。我真担心他不会好好照顾我的照相机。

Xiǎo Lǐ: Wǒ dìdì jièle wǒ de zhàoxiàngjī hái méi hái. Wǒ zhēn dānxīn tā bù huì hǎohǎo zhàogù wǒ de zhàoxiàngjī.

Xiao Li: My brother borrowed my camera and hasn't returned it yet. I'm really worried that he won't take good care of my camera.

小月：你的照相机这么旧了，如果坏了，你就去买个新的照相机吧。我的照相机比较新，今天就用我的照相机吧。小李，你为什么穿这双鞋子去爬山啊？

Xiǎo Yuè: Nǐ de zhàoxiàngjī zhème jiùle, rúguǒ huàile, nǐ jiù qù mǎi gè xīn de zhàoxiàngjī ba. Wǒ de zhàoxiàngjī bǐjiào xīn, jīntiān jiù yòng wǒ de zhàoxiàngjī ba. Xiǎo lǐ, nǐ wèishéme chuān zhè shuāng xiézi qù páshān a?

Xiao Yue: Your camera is so old. If it is broken, you can buy a new one. My camera is relatively new, so use my camera today. Xiao Li, why do you wear these shoes to climb the hill?

小李：这双鞋子有什么不好？这双鞋子很舒服。你要试试看？

Xiǎo Lǐ: Zhè shuāng xiézi yǒu shé me bù hǎo? Zhè shuāng xiézi hěn shūfú. Nǐ yào shì shìkàn?

Xiao Li: What's wrong with these shoes? These shoes are very comfortable. You want to try?

小月：不要。我们还是快上车吧。司机和导游已经等我们很久了。

Xiǎo Yuè: Bùyào. Wǒmen háishì kuài shàng chē ba. Sījī hé dǎoyóu yǐjīng děng wǒmen hěnjiǔle.

Xiao Yue: No. Let's get on the bus. The driver and the tour guide have waited for us for a long time.

Statistics for Story [3]

1010 Total Word Count

301 Number of Unique Words

146 (48.99 %) of the 300 HSK 3 words are used in this Story

97.72 % of the Story comprise of the Extended HSK 1&2&3 words

17 New Words

New Words	Pinyin	Explanation
小西	Xiǎo Xī	Name of person
伤	Shāng	Hurt, injure
心	Xīn	Heart
赢	Yíng	Win
从来	Cónglái	Never
联系	Liánxì	Contact
全	Quán	All
成功	Chénggōng	Success
哈哈哈	Hāhāhā	Hahaha
拍	Pāi	Taken (photo)
晚饭	Wǎnfàn	Dinner
夜	Yè	Night

New Words	Pinyin	Explanation
哪个	Năge	Which
晚安	Wǎn'ān	Good night
苦	Kǔ	Bitter
不管	Bùguǎn	Regardless of, no matter
早睡早起	Zǎo shuì zǎoqǐ	(Proverb) – early to bed, early to rise

[3] Chatting with My Uncle and Aunt
跟我的叔叔和阿姨聊天

有一天，吃了晚饭后，叔叔和阿姨坐着聊天。他们在讲年轻读书时候的事情。因为我对历史特别感兴趣，我就跟他们坐在一起，非常认真地听他们说话。

叔叔：你还记得你每天晚上都在哭，因为你还没完成你的作业。你真害怕老师会生气。

阿姨：我刚开始上学，才一年级，你不明白我多么的害怕校长和老师。每次我经过他们，我都想哭。

我：叔叔，你为什么不照顾好阿姨呢？让她这么害怕。

阿姨：你这个问题问的真好。你叔叔一点儿都没照顾我。我也想了解一下。

叔叔：过去的事情我哪里记得这么多啊。我真的不了解为什么你这么害怕。其实，校长和老师很关心你。每次你哭，他们都很担心，着急，不知道你是饿还是哪里不舒服。

阿姨：我们的邻居小西也是一样，每天都在学校里哭。一般来说，小同学都会在学校里哭过的。

我：阿姨，看来你的变化非常大。

阿姨：你这样说是什么意思？

我：小时候你很害怕校长和老师，现在你谁都不怕！

叔叔：我同意！哈哈哈！

阿姨：你们只会笑我，你们对自己很满意吗？

叔叔：关于这个问题，你心里应该很清楚啊。你还记得是谁在公园里教你骑自行车的吗？因为我教你骑自行车，妈妈一共生我三天的气。我从来没看过妈妈这么生气的。那时候我真害怕。后来，妈妈三天三夜不让我出门，我非常地难过。我为你吃了很多苦啊，你们要相信我啊！

阿姨：你忘记为什么妈妈这么生气吗？那是因为你没检查好自行车就让我骑，所以我的腿伤了。我好几天不能走路。最后我还发烧感冒，让妈妈多么地担心。

叔叔：有一次，你和我们的邻居小西去爬山，也是伤了你的腿，妈妈也没这么生气。说来这个小西去了哪个国家留学啊？我们有七八年没有见面了。我都已经忘记了她是长什么样的。你有她的照片吗？

阿姨：我当然有她的照片。你已经忘记了我经常用爷爷的旧照相机拍照吗？

叔叔：你和小西的关系一直都很好。你没有她最近的照片吗？

阿姨：那是很久以前的事情了。她去留学一年左右后就再没有跟我联系了。你看，我们年轻的时候可爱极了！

叔叔：可爱？你看看这张照片，你不觉得小西的耳朵长得很奇怪吗？她的个子又矮又小，但是耳朵太大了。

阿姨：我以前没觉得她的耳朵很奇怪。我现在才发现你说得对。但是小西是全班里最聪明的学生，而且她经常赢国家的数学比赛。

叔叔：是啊。不管是数学或者历史，她的水平都是比别人得高得多。她这个人很奇怪，问题越难她就解决得越快。每次她回答老师的问题都好有根据。我就对历史和数学不感兴趣。

阿姨：你只对玩游戏感兴趣。我还没忘记你在老师的黑板上画了一个大熊猫。校长和老师一直都不知道那个大熊猫是你画的。

叔叔：我认为熊猫是世界上最可爱的动物。你们不要笑我，我是很认真的。

我：其实我也非常喜欢熊猫。叔叔，你双眼睛很像熊猫啊！如果你再胖点儿就跟熊猫的个子一样了！

阿姨：还记得有一次我们带了很多饮料和面包在图书馆里喝和吃，后来被校长发现了。校长就打电话告诉妈妈。我们都害怕极了。

我：叔叔和阿姨真坏，图书馆是读书的地方，不可以吃和喝东西。

叔叔：你错了。我们的图书馆只是借书的地方。读书的地方必须是一个安静的地方。我们的图书馆不是一个安静的地方，哪儿能在那儿读书呢？

阿姨：你完成了你的作业吗？不要像你叔叔这么坏。你一定要每天读书，复习，完成作业，以后才能做个成功的人。我们的聊天时间现在这一刻就结束。快去刷牙洗澡，准备睡觉。你明天太阳还没出来就要去学校了。早睡早起是一个非常好的习惯。

我：好，我马上就去刷牙洗澡。叔叔，你要先上洗手间吗？

叔叔：不，你先去。我看完了这个电视节目才去。

阿姨：这是什么电视节目？

叔叔：骑马比赛。

我：我的词典呢？刚才我把词典放在书包里。现在不见了。那个词典是我从图书馆借回来的。明天我需要还给图书馆了。

叔叔：对不起。刚才我拿你的词典来看看。有一段句子我看不明白。

我：叔叔，哪段句子你看不明白啊？你愿意告诉我吗？我想学。

阿姨：好了好了。明天再说吧。你先去刷牙洗澡，然后去睡觉。

我：好吧。叔叔，阿姨，晚安。

Pinyin and Translation [3]

有一天，吃了晚饭后，叔叔和阿姨坐着聊天。他们在讲年轻读书时候的事情。因为我对历史特别感兴趣，我就跟他们坐在一起，非常认真地听他们说话。

Yǒu yītiān, chīle wǎnfàn hòu, shūshu hé āyí zuòzhe liáotiān. Tāmen zài jiǎng niánqīng dúshū shíhòu de shìqíng. Yīnwèi wǒ duì lìshǐ tèbié gǎn xìngqù, wǒ jiù gēn tāmen zuò zài yīqǐ, fēicháng rènzhēn dì tīng tāmen shuōhuà.

One day, after dinner, my uncle and aunt were chatting. They were talking about their school days. As I was particularly interested in history, I sat with them and listened to their conversation intensely.

叔叔：你还记得你每天晚上都在哭，因为你还没完成你的作业。你真害怕老师会生气。

Shūshu: Nǐ hái jìdé nǐ měitiān wǎnshàng dū zài kū, yīnwèi nǐ hái méi wánchéng nǐ de zuòyè. Nǐ zhēn hàipà lǎoshī huì shēngqì.

Uncle: Do you still remember that you were crying every night because you haven't finished your homework? You were so afraid that the teacher will be angry at you.

阿姨：我刚开始上学，才一年级，你不明白我多么的害怕校长和老师。每次我经过他们，我都想哭。

Āyí: Wǒ gāng kāishǐ shàngxué, cái yī niánjí, nǐ bù míngbái wǒ duōme de hàipà xiàozhǎng hé lǎoshī. Měi cì wǒ jīngguò tāmen, wǒ dū xiǎng kū.

Aunt: I just started school, and I was in the first grade. You don't understand how scared I was of the principal and teacher. Every time I passed by them, I wanted to cry.

我：叔叔，你为什么不照顾好阿姨呢？让她这么害怕。

Wǒ: Shūshu, nǐ wèishéme bù zhàogù hǎo āyí ne? Ràng tā zhème hàipà.

Me: Uncle, why didn't you take care of aunt? Made her felt so scared.

阿姨：你这个问题问的真好。你叔叔一点儿都没照顾我。我也想了解一下。

Āyí: Nǐ zhège wèntí wèn de zhēn hǎo. Nǐ shūshu yīdiǎn er dōu méi zhàogù wǒ. Wǒ yě xiǎng liǎo jiè yīxià.

Aunt: That's an excellent question for you. Your uncle didn't take care of me at all. I also want to know why.

叔叔：过去的事情我哪里记得这么多啊。我真的不了解为什么你这么害怕。其实，校长和老师很关心你。

每次你哭，他们都很担心，着急，不知道你是饿还是哪里不舒服。

Shūshu: Guòqù de shìqíng wǒ nǎlǐ jìdé zhème duō a. Wǒ zhēn de bù liǎojiě wèishéme nǐ zhème hàipà. Qíshí, xiàozhǎng hé lǎoshī hěn guānxīn nǐ. Měi cì nǐ kū, tāmen dōu hěn dānxīn, zhāojí, bù zhīdào nǐ shì è háishì nǎlǐ bú shūfú.

Uncle: I can't remember. I really don't understand why you were so afraid. In fact, the principal and teacher care about you a lot. Every time you cried, they get worried, anxious, wondering if you were hungry or uncomfortable.

阿姨：我们的邻居小西也是一样，每天都在学校里哭。一般来说，小同学都会在学校里哭过的。

Āyí: Wǒmen de línjū xiǎoxī yěshì yīyàng, měitiān dū zài xuéxiào lǐ kū. Yībān lái shuō, xiǎo tóngxué dūhuì zài xuéxiào lǐ kūguò de.

Aunt: Our neighbor Xiao Xi was the same, and she too cried in school every day. In general, young classmates would cry in school.

我：阿姨，看来你的变化非常大。

Wǒ: Āyí, kàn lái nǐ de biànhuà fēicháng dà.

Me: Aunt, it looks like you have changed a lot.

阿姨：你这样说是什么意思？

Āyí: Nǐ zhèyàng shuō shì shénme yìsi?

Aunt: What do you mean by that?

我：小时候你很害怕校长和老师，现在你谁都不怕！

Wǒ: Xiǎoshíhòu nǐ hěn hàipà xiàozhǎng hé lǎoshī, xiànzài nǐ shéi dōu bùpà!

Me: When you were young, you were afraid of the principal and the teacher. Now you are not afraid of anyone!

叔叔：我同意！哈哈哈！

Shūshu: Wǒ tóngyì! Hāhāhā!

Uncle: I agree! Hahaha!

阿姨：你们只会笑我，你们对自己很满意吗？

Āyí: Nǐmen zhǐ huì xiào wǒ, nǐmen duì zìjǐ hěn mǎnyì ma?

Aunt: You only know to laugh at me. Are you satisfied with yourself?

叔叔：关于这个问题，你心里应该很清楚啊。你还记得是谁在公园里教你骑自行车的吗？因为我教你骑自行车，妈妈一共生我三天的气。我从来没看过妈妈这么生气的。那时候我真害怕。后来，妈妈三天三夜不让我出门，我非常地难过。我为你吃了很多苦啊，你们要相信我啊！

Shūshu: Guānyú zhège wèntí, nǐ xīnlǐ yìng gāi hěn qīngchǔ a. Nǐ hái jìdé shì shéi zài gōngyuán lǐ jiào nǐ qí zìxíngchē de ma? Yīnwèi wǒ jiào nǐ qí zìxíngchē, māmā yī gòngshēng wǒ sān tiān de qì. Wǒ cónglái méi kànguò māmā zhème shēngqì de. Nà shíhòu wǒ zhēn hàipà. Hòulái, māmā sān tiān sān yè bù ràng wǒ chūmén, wǒ fēicháng de nánguò. Wǒ wèi nǐ chīle hěnduō kǔ a, nǐmen yào xiāngxìn wǒ a!

Uncle: You should already know in your heart the answer to this. Do you remember who taught you how to ride a bike in the park? It is because I taught you to ride a bicycle, Mom was mad at me for three days. I have never seen Mom so angry. I was really scared then. After that, Mom would not let me go out of the house for three days and three nights, and I was very sad. I have suffered a lot for you. Believe me!

阿姨：你忘记为什么妈妈这么生气吗？那是因为你没检查好自行车就让我骑，所以我的腿伤了。我好几天不能走路。最后我还发烧感冒，让妈妈多么地担心。

Āyí: Nǐ wàngjì wèishéme māmā zhème shēngqì ma? Nà shì yīnwèi nǐ méi jiǎnchá hǎo zìxíngchē jiù ràng wǒ qí, suǒyǐ wǒ de tuǐ shāngle. Wǒ hǎo jǐ tiān bùnéng zǒulù. Zuìhòu wǒ hái fāshāo gǎnmào, ràng māmā duōme de dānxīn.

Aunt: Did you forget why Mom was so angry? That was because you let me ride without checking the bike, so my leg was hurt. I couldn't walk for several days. In the end, I had a fever and a cold, and Mom was so worried.

叔叔：有一次，你和我们的邻居小西去爬山，也是伤了你的腿，妈妈也没这么生气。说来这个小西去了哪个国家留学啊？我们有七八年没有见面了。我都已经忘记了她是长什么样的。你有她的照片吗？

Shūshu: Yǒu yīcì, nǐ hé wǒmen de línjū Xiǎo Xī qù páshān, yěshì shāngle nǐ de tuǐ, māmā yě méi zhème shēngqì. Shuō lái zhège Xiǎo Xī qùle nǎge guójiā liúxué a? Wǒmen yǒu qībā nián méiyǒu jiànmiànle. Wǒ dū yǐjīng wàngjìle tā shì zhǎng shénme yàng de. Nǐ yǒu tā de zhàopiàn ma?

Uncle: On one occasion, you and our neighbor, Xiao Xi, went climbing the mountain, and you hurt your leg, Mom was not as angry. By the way, which country did Xiao Xi go for her studies? We haven't seen each other for seven or eight years. I have forgotten what she looks like. Do you have a picture of her?

阿姨：我当然有她的照片。你已经忘记了我经常用爷爷的旧照相机拍照吗？

Āyí: Wǒ dāngrán yǒu tā de zhàopiàn. Nǐ yǐjīng wàngjìle wǒ jīngcháng yòng yéyé de jiù zhàoxiàngjī pāizhào ma?

Aunt: Of course I have her picture. Have you forgotten that I often take pictures with Grandpa's old camera?

叔叔：你和小西的关系一直都很好。你没有她最近的照片吗？

Shūshu: Nǐ hé xiǎoxī de guānxì yīzhí dōu hěn hǎo. Nǐ méiyǒu tā zuìjìn de zhàopiàn ma?

Uncle: Your relationship with Xiao Xi has always been good. Don't you have her recent photos?

阿姨：那是很久以前的事情了。她去留学一年左右后就再没有跟我联系了。你看，我们年轻的时候可爱极了！

Āyí: Nà shì hěnjiǔ yǐqián de shìqíngle. Tā qù liúxué yī nián zuǒyòu hòu jiù zài méiyǒu gēn wǒ liánxìle. Nǐ kàn, wǒmen niánqīng de shíhòu kě'ài jíle!

Aunt: That was a long time ago. She didn't contact me about a year after studying abroad. You see, we were so cute when we were young!

叔叔：可爱？你看看这张照片，你不觉得小西的耳朵长得很奇怪吗？她的个子又矮又小，但是耳朵太大了。

Shūshu: Kě'ài? Nǐ kàn kàn zhè zhāng zhàopiàn, nǐ bù juédé Xiǎo Xī de ěrduǒ zhǎng dé hěn qíguài ma? Tā de gèzi yòu ǎi yòu xiǎo, dànshì ěrduǒ tài dàle.

Uncle: Cute? If you look at this picture, don't you think that Xiao Xi's ears look strange? She was short and small, but her ears were too big.

阿姨：我以前没觉得她的耳朵很奇怪。我现在才发现你说得对。但是小西是全班里最聪明的学生，而且她经常赢国家的数学比赛。

Āyí: Wǒ yǐqián méi juédé tā de ěrduǒ hěn qíguài. Wǒ xiànzài cái fāxiàn nǐ shuō dé duì. Dànshì Xiǎo Xī shì quán bān lǐ zuì cōngmíng de xuéshēng, érqiě tā jīngcháng yíng guójiā de shùxué bǐsài.

Aunt: I didn't find her ears strange before. I now realize that you are right. But Xiao Xi was the smartest student in the class, and she often wins national math competitions.

叔叔：是啊。不管是数学或者历史，她的水平都是比别人得高得多。她这个人很奇怪，问题越难她就解决得越快。每次她回答老师的问题都好有根据。我就对历史和数学不感兴趣。

Shūshu: Shì a. Bùguǎn shì shùxué huòzhě lìshǐ, tā de shuǐpíng dōu shì bǐ biérén dé gāo dé duō. Tā zhège rén hěn qíguài, wèntí yuè nán tā jiù jiějué dé yuè kuài. Měi cì tā huídá lǎoshī de wèntí dōu hǎo yǒu gēnjù. Wǒ jiù duì lìshǐ hé shùxué bùgǎn xìngqù.

Uncle: Yeah. Whether in mathematics or history, her level is much higher than others. She is a strange person. The harder the problem, the faster she can solve it. Every time she answers the teacher's question, it is well-founded. I was never interested in history and mathematics.

阿姨：你只对玩游戏感兴趣。我还没忘记你在老师的黑板上画了一个大熊猫。校长和老师一直都不知道那个大熊猫是你画的。

Āyí: Nǐ zhǐ duì wán yóuxì gǎn xìngqù. Wǒ hái méi wàngjì nǐ zài lǎoshī de hēibǎn shàng huàle yīgè dà xióngmāo. Xiàozhǎng hé lǎoshī yīzhí dōu bù zhīdào nàgè dà xióngmāo shì nǐ huà de.

Aunt: You were only interested in playing games. I haven't forgotten the time you drew a giant panda on the teacher's blackboard. The principal and teacher never knew that the panda was painted by you.

叔叔：我认为熊猫是世界上最可爱的动物。你们不要笑我，我是很认真的。

Shūshu: Wǒ rènwéi xióngmāo shì shìjiè shàng zuì kě'ài de dòngwù. Nǐmen bùyào xiào wǒ, wǒ shì hěn rènzhēn de.

Uncle: I think panda is the cutest animal in the world. Don't laugh at me, I'm serious.

我：其实我也非常喜欢熊猫。叔叔，你双眼睛很像熊猫啊！如果你再胖点儿就跟熊猫的个子一样了！

Wǒ: Qíshí wǒ yě fēicháng xǐhuān xióngmāo. Shūshu, nǐ shuāng yǎnjīng hěn xiàng xióngmāo a! Rúguǒ nǐ zài pàng diǎn er jiù gēn xióngmāo de gèzi yīyàngle!

Me: Actually, I also like pandas very much. Uncle, your eyes are like pandas! If you're fatter, you will look exactly like a panda!

阿姨：还记得有一次我们带了很多饮料和面包在图书馆里喝和吃，后来被校长发现了。校长就打电话告诉妈妈。我们都害怕极了。

Āyí: Hái jìdé yǒu yīcì wǒmen dàile hěnduō yǐnliào huò miànbāo zài túshū guǎn lǐ hē hé chī, hòulái bèi xiàozhǎng fāxiànle. Xiàozhǎng jiù dǎ diànhuà gàosù māmā. Wǒmen dōu hàipà jíle.

Aunt: I remember once we brought a lot of drinks and bread to drink and eat in the library but was later found out by the principal. The principal called and told our Mom. We were so scared.

我：叔叔和阿姨真坏，图书馆是读书的地方，不可以吃和喝东西。

Wǒ: Shūshu hé āyí zhēn huài, túshū guǎn shì dúshū dì dìfāng, bù kěyǐ chī hé hē dōngxī.

Me: Uncle, aunt, both of you are so bad. The library is a place for studying. You can't eat or drink there.

叔叔：你错了。我们的图书馆只是借书的地方。读书的地方必须是一个安静的地方。我们的图书馆不是一个安静的地方，哪儿能在那儿读书呢？

Shūshu: Nǐ cuòle. Wǒmen de túshū guǎn zhǐshì jiè shū dì dìfāng. Dúshū dì dìfāng bìxū shì yīgè ānjìng dì dìfāng. Wǒmen de túshū guǎn bùshì yīgè ānjìng dì dìfāng, nǎ'er néng zài nà'er dúshū ne?

Uncle: You are mistaken. Our library is just a place to borrow books. The place to study must be quiet. Our library is not a quiet place. How can I study there?

阿姨：你完成了你的作业吗？不要像你叔叔这么坏。你一定要每天读书，复习，完成作业，以后才能做个成功的人。我们的聊天时间现在这一刻就结束。快去刷牙洗澡，准备睡觉。你明天太阳还没出来就要去学校了。早睡早起是一个非常好的习惯。

Āyí: Nǐ wánchéngle nǐ de zuòyè ma? Bùyào xiàng nǐ shūshu zhème huài. Nǐ yīdìng yào měitiān dúshū, fùxí, wánchéng zuòyè, yǐhòu cáinéng zuò gè chénggōng de rén. Wǒmen de liáotiān shíjiān xiànzài zhè yīkè jiù jiéshù. Kuài qù shuāyá xǐzǎo, zhǔnbèi shuìjiào. Nǐ míngtiān tàiyáng hái méi chūlái jiù yào qù xuéxiàole. Zǎo shuì zǎoqǐ shì yīgè fēicháng hǎo de xíguàn.

Aunt: Have you finished your homework? Don't be as bad as your uncle. You must study, review, and complete your homework every day for you to be a successful person. Our chat time ends now. Go and brush your teeth, and take a bath, get ready to sleep. You have to go to school before the sun rises tomorrow. It is a good habit to go to bed early and get up early.

我：好，我马上就去刷牙洗澡。叔叔，你要先上洗手间吗？

Wǒ: Hǎo, wǒ mǎshàng jiù qù shuāyá xǐzǎo. Shūshu, nǐ yào xiān shàng xǐshǒujiān ma?

Me: Ok, I'll brush my teeth and take a bath right away. Uncle, do you want to go to the bathroom first?

叔叔：不，你先去。我看完了这个电视节目才去。

Shūshu: Bù, nǐ xiān qù. Wǒ kàn wánliǎo zhège diànshì jiémù cái qù.

Uncle: No, you go first. I will go after I finish watching this TV show.

阿姨：这是什么电视节目？

Āyí: Zhè shì shénme diànshì jiémù?

Aunt: What is this TV show?

叔叔：骑马比赛。

Shūshu: Qímǎ bǐsài.

Uncle: Horseback riding.

我：我的词典呢？刚才我把词典放在书包里。现在不见了。那个词典是我从图书馆借回来的。明天我需要还给图书馆了。

Wǒ: Wǒ de cídiǎn ne? Gāngcái wǒ bǎ cídiǎn fàng zài shūbāo lǐ. Xiànzài bùjiànle. Nàgè cídiǎn shì wǒ cóng túshū guǎn jiè huílái de. Míngtiān wǒ xūyào hái gěi túshū guǎnle.

Me: Where is my dictionary? I put the dictionary in my bag just now. It's gone now. That dictionary was borrowed from the library. I need to return it to the library tomorrow.

叔叔：对不起。刚才我拿你的词典来看看。有一段句子我看不明白。

Shūshu: Duìbùqǐ. Gāngcái wǒ ná nǐ de cídiǎn lái kàn kàn. Yǒu yīduàn jùzi wǒ kàn bù míngbái.

Uncle: I'm sorry. I used your dictionary just now. There was a sentence that I couldn't understand.

我：叔叔，哪段句子你看不明白啊？你愿意告诉我吗？我想学。

Wǒ: Shūshu, nǎ duàn jùzi nǐ kàn bù míngbái a? Nǐ yuànyì gàosù wǒ ma? Wǒ xiǎng xué.

Me: Uncle, which sentence do you not understand? Would you tell me because I want to learn.

阿姨：好了好了。明天再说吧。你先去刷牙洗澡，然后去睡觉。

Āyí: Hǎole hǎole. Míngtiān zàishuō ba. Nǐ xiān qù shuāyá xǐzǎo, ránhòu qù shuìjiào.

Aunt: Alright. let's talk tomorrow. Go brush your teeth and take a bath, then go to bed.

我：好吧。叔叔，阿姨，晚安。

Wǒ: Hǎo ba. Shūshu, āyí, wǎn'ān.

Me: Okay. Uncle, aunt, good night.

Statistics for Story [4]

1229 Total Word Count

319 Number of Unique Words

149 (50.0 %) of the 300 HSK 3 words are used in this Story

95.77 % of the Story comprise of the Extended HSK 1&2&3 words

7 New Words

New Words	Pinyin	Explanation
阿文	Ā wén	Name of person
新加坡	Xīnjiāpō	Singapore
头	Tóu	Head
幸福	Xìngfú	Happy, blessed
木	Mù	Wood
改变	Gǎibiàn	change
啦	La	La

[4] A Trip to Singapore
去新加坡旅游

在机场：

奶奶：飞机都快要起飞了。你为什么一直在找东找西，在找什么？

爷爷：我的护照呢？你有看到我的护照吗？

奶奶：是不是在行李箱？

爷爷：不。我记得刚才还把护照放在我裤子里。但是我现在发现护照不见了。

奶奶：阿文，你能过来帮忙一下吗？

阿文：奶奶，有什么事情吗？

奶奶：你爷爷找不到他的护照。他说他把护照放进裤子里，但是现在不见了。

阿文：爷爷，您放心，我们一定能找到您的护照。我们过去电梯那边找找吧。那边的灯比较多，看得清楚些就容易找东西。

爷爷：我的头很疼，需要坐一会儿。你们拿我的包过去看看吧。

奶奶：你头疼就坐着休息吧。节日机场会比较多人。

阿文：找到了。我找到爷爷的护照了。爷爷，您必须要小心点儿。护照很重要的，没有它，我们就上不了飞机了。千万不要忘记拿着护照。

奶奶：好了。我们快点儿走吧。他们又说我们的飞机要起飞了。

飞机要起飞了，他们差不多上不了飞机。突然，有一位服务员来帮忙，他们才可以上飞机。其实，这一家人总是迟到。

在飞机上：

奶奶：阿文，你认为我们能在飞机上看到太阳和月亮吗？

阿文：我们应该可以看到月亮。现在是晚上六点一刻。多半个小时我们就可以看到月亮了。

爷爷：现在新加坡是什么季节？那儿有春夏秋冬吗？

阿文：新加坡不像中国，没有四个季节。那儿只有夏天，也很少刮风。

奶奶：刚才我没吃饱。这里有什么好吃的吗？

阿文：这儿有卖面包和蛋糕。您要我给您买些面包还是蛋糕？

奶奶：面包或者蛋糕我都不要。蛋糕一般都是太甜，我吃不下。

爷爷：你总是说自己饿，要求也那么多。菜单在这儿。如果你不满意，就等我们到了新加坡才吃吧。

阿文：是啊，要在新加坡多吃点儿。我特别请假带您们去新加坡走走。经理差点儿就不让我请假。

奶奶：我们明白你是多么的难才请到假的。你非常照顾爷爷和奶奶。

爷爷：新加坡是在北方还是南方？

阿文：中国是在北方。新加坡是在南方。

奶奶：阿文，你认为你的阿姨会喜欢我们买的礼物吗？

阿文：我觉得她看见我们为她买的礼物后，一定会高兴极了。如果她不喜欢那些礼物，我们可以拿回去换别的礼物。

爷爷：那些礼物虽然可以换，但是换了我们就没办法送那些礼物给你阿姨了。

奶奶：电视新闻说新加坡有很多便宜的东西卖。

爷爷：你终于开始看新闻了吗？以前我一直叫你看新闻你都说不要。

奶奶：过去的事情不要再说好吗？我现在已经习惯每天早上都要看新闻。我发现看新闻是一个很好的习惯。

阿文：我打算在那儿买一个笔记本电脑。爷爷，奶奶，您们有什么要买的吗？

爷爷：这个问题，我让你奶奶回答你吧。

奶奶：我要去洗手间。洗手间干净吗？

阿文：一般来说，飞机里的洗手间都不是很干净。您去洗手间要小心点儿。出来的时候不用关灯。

爷爷：阿文，你可以把空调关了吗？我觉得很冷。你阿姨说什么时候来接我们？

阿文：阿姨说她十点一刻会到机场接我们。我不知道她是开车还是打出租车。我已经和她说我们有多少个大行李箱了。

到了新加坡：

阿文：阿姨打电话过来，她说她的会议还没结束。她的司机会来机场接我们。我们去街道等他吧。我们要注意一辆蓝色的车。

爷爷：这辆车是阿姨的吗？

司机：对不起，我迟到了。刚才很多车。欢迎你们来到新加坡。请上车。我会把你们的行李箱放在车里。

上了车以后：

奶奶：新加坡很干净，洗手间也非常干净。我觉得这儿的变化非常大。

爷爷：这是你第一次来新加坡，你这样说，有什么根据吗？

奶奶：我从电视节目和新闻里看见以前的新加坡。我觉得，和现在的新加坡比，变化是非常的大。

爷爷：这儿有很多公园，很多绿绿的花草树木，好像中国的公园。

司机：不，我认为中国的公园更大。因为新加坡地方小，所以我们的公园也比较小了。你们对音乐感兴趣吗？

阿文：我对音乐很感兴趣。怎么啦？

司机：这儿有很多音乐会。我可以帮你们买音乐会的票。

爷爷：我喜欢安静。不去看音乐会了。你阿姨的会议什么时候结束？

司机：应该已经结束了。

到了阿姨的家：

阿姨：欢迎欢迎。你们快进来。对不起我没能去机场接你们。

阿文：这儿是我们送给您的礼物。希望您会喜欢。

阿姨：人来就好了，不用买礼物了。阿文，你变得又高又大。你现在几米高？

阿文：我是1.8米高。阿姨，您越来越漂亮啊。

阿姨：你的嘴真甜，真会说话。我已经老了，不像年轻的时候。你们都累了吗？先去洗澡然后去睡觉吧。阿文，你的房间是在楼上。爷爷，奶奶，中间这个房间是你们的。明天我叫司机带你们出去玩儿。

阿文：我们想自己去玩儿。我们已经买了地图，坐地铁很方便。

阿姨：你们是我的客人，怎么能让你们坐地铁呢？

爷爷：我很了解阿文，如果他决定了要怎么做，谁都改变不了。

阿文：阿姨，您不用担心。看地图是很简单的事情。您不是说新加坡的人又热情，又很爱帮助别人吗？

阿姨：好吧，就这样决定吧。记得要小心点儿。看来阿文真的已经长大了。

奶奶：是啊，如果不是阿文带我们过来，我们一定不能过来的。这孩子又认真又热情，哪位女孩子跟他结婚都一定会幸福极了。

爷爷：他还很努力的工作，不久后他一定能做经理了。

阿文：您们不要再笑我了。我要去刷牙洗澡然后睡觉。明天见。

Pinyin and Translation [4]

在机场:

Zài jīchǎng:

At the airport:

奶奶: 飞机都快要起飞了。你为什么一直在找东找西，在找什么？

Nǎinai: Fēijī dōu kuàiyào qǐfēile. Nǐ wèishéme yīzhí zài zhǎo dōng zhǎo xī, zài zhǎo shénme?

Grandma: The plane is about to take off. Why do you keep looking everywhere, what are you looking for?

爷爷: 我的护照呢？你有看到我的护照吗？

Yéyé: Wǒ de hùzhào ne? Nǐ yǒu kàn dào wǒ de hùzhào ma?

Grandpa: Where is my passport? Did you see my passport?

奶奶: 是不是在行李箱？

Nǎinai: Shì bùshì zài háng lǐ xiāng?

Grandma: Is it in the suitcases?

爷爷：不。我记得刚才还把护照放在我裤子里。但是我现在发现护照不见了。

Yéyé: Bù. Wǒ jìdé gāngcái hái bǎ hùzhào fàng zài wǒ kùzi lǐ. Dànshì wǒ xiànzài fāxiàn hùzhào bùjiànle.

Grandpa: No. I remember putting my passport in my pants. I just discovered that it is not there.

奶奶：阿文，你能过来帮忙一下吗？

Nǎinai: Ā wén, nǐ néng guòlái bāngmáng yīxià ma?

Grandma: Ah Wen, can you come over and help?

阿文：奶奶，有什么事情吗？

Ā wén: Nǎinai, yǒu shé me shìqíng ma?

Ah Wen: Grandma, what is it?

奶奶：你爷爷找不到他的护照。他说他把护照放进裤子里，但是现在不见了。

Nǎinai: Nǐ yéyé zhǎo bù dào tā de hùzhào. Tā shuō tā bǎ hùzhào fàng jìn kùzi lǐ, dànshì xiànzài bùjiànle.

Grandma: Your Grandpa couldn't find his passport. He said he put his passport in his pants, but it is gone now.

阿文：爷爷，您放心，我们一定能找到您的护照。我们过去电梯那边找找吧。那边的灯比较多，看得清楚些就容易找东西。

Ā wén: Yéyé, nín fàngxīn, wǒmen yīdìng néng zhǎodào nín de hùzhào. Wǒmen guòqù diàntī nà biān zhǎo zhǎo ba. Nà biān de dēng bǐjiào duō, kàn dé qīngchǔ xiē jiù róngyì zhǎo dōngxī.

Ah Wen: Grandpa, don't worry, we will find your passport. Let's go near the elevator. There are a lot of lights over there, so we can easily find things when we can see clearly.

爷爷：我的头很疼，需要坐一会儿。你们拿我的包过去看看吧。

Yéyé: Wǒ de tóu hěn téng, xūyào zuò yīhuǐ'er. Nǐmen ná wǒ de bāo guòqù kàn kàn ba.

Grandpa: I have a headache and need to sit for a while. Take my bag and have a look.

奶奶：你头疼就坐着休息吧。节日机场会比较多人。

Nǎinai: Nǐ tóuténg jiùzuòzhe xiūxí ba. Jiérì jīchǎng huì bǐjiào duō rén.

Grandma: Just sit and rest if you have a headache. There are a lot more people at the airport during festive season.

阿文：找到了。我找到爷爷的护照了。爷爷，您必须要小心点儿。护照很重要的，没有它，我们就上不了飞机了。千万不要忘记拿着护照。

Ā wén: Zhǎodàole. Wǒ zhǎodào yéyé de hùzhàole. Yéyé, nín bìxū yào xiǎoxīn diǎn er. Hùzhào hěn zhòngyào de, méiyǒu tā, wǒmen jiù shàng bùliǎo fēijīle. Qiān wàn bùyào wàngjì názhe hùzhào.

Ah Wen: Found it. I found Grandpa's passport. Grandpa, you have to be careful. Passports are important, without which we would not be able to get on the plane. Don't forget to take your passport.

奶奶：好了。我们快点儿走吧。他们又说我们的飞机要起飞了。

Nǎinai: Hǎole. Wǒmen kuài diǎn er zǒu ba. Tāmen yòu shuō wǒmen de fēijī yào qǐfēile.

Grandma: Alright. Let's go quickly. They said that our plane was about to take off.

飞机要起飞了，他们差不多上不了飞机。突然，有一位服务员来帮忙，他们才可以上飞机。其实，这一家人总是迟到。

Fēijī yào qǐfēile, tāmen chàbùduō shàng bùliǎo fēijī. Túrán, yǒuyī wèi fúwùyuán lái bāngmáng, tāmen cái kěyǐ shàng fēijī. Qíshí, zhè yījiā rén zǒng shì chídào.

The plane was about to take off, and they could hardly get on the plane. Suddenly, an attendant came to help them, and they could get on the plane. This family is always late.

在飞机上：

Zài fēijī shàng:

On the plane:

奶奶：阿文，你认为我们能在飞机上看到太阳和月亮吗？

Nǎinai: Ā wén, nǐ rènwéi wǒmen néng zài fēijī shàng kàn dào tàiyáng hé yuèliàng ma?

Grandma: Ah Wen, do you think we can see the sun and the moon on the plane?

阿文：我们应该可以看到月亮。现在是晚上六点一刻。多半个小时我们就可以看到月亮了。

Ā wén: Wǒmen yīnggāi kěyǐ kàn dào yuèliàng. Xiànzài shì wǎnshàng liù diǎn yī kè. Duōbàn gè xiǎoshí wǒmen jiù kěyǐ kàn dào yuèliàngle.

Ah Wen: We should be able to see the moon. It is now 6:15 in the evening. We can see the moon in about half an hour.

爷爷：现在新加坡是什么季节？那儿有春夏秋冬吗？

Yéyé: Xiànzài xīnjiāpō shì shénme jìjié? Nà'er yǒu chūn xià qiūdōng ma?

Grandpa: What season is Singapore in now? Is there spring, summer, autumn, and winter?

阿文：新加坡不像中国，没有四个季节。那儿只有夏天，也很少刮风。

Ā wén: Xīnjiāpō bù xiàng zhōngguó, méiyǒu sì gè jìjié. Nà'er zhǐyǒu xiàtiān, yě hěn shǎo guā fēng.

Ah Wen: Unlike China, Singapore does not have four seasons. There is only summer, and it is rarely windy.

奶奶：刚才我没吃饱。这里有什么好吃的吗？

Nǎinai: Gāngcái wǒ méi chī bǎo. Zhè li yǒu shé me hào chī de ma?

Grandma: I was not full from the meal just now. Is there anything delicious to eat here?

阿文：这儿有卖面包和蛋糕。您要我给您买些面包还是蛋糕？

Ā wén: Zhè'er yǒu mài miànbāo hé dàngāo. Nín yào wǒ gěi nín mǎi xiē miànbāo háishì dàngāo?

Ah Wen: Bread and cakes are sold here. Would you like me to buy you some bread or cake?

奶奶：面包或者蛋糕我都不要。蛋糕一般都是太甜，我吃不下。

Nǎinai: Miànbāo huòzhě dàngāo wǒ dū bùyào. Dàngāo yībān dōu shì tài tián, wǒ chī bùxià.

Grandma: I don't want bread or cake. Cakes are usually too sweet and I can't eat them.

爷爷：你总是说自己饿，要求也那么多。菜单在这儿。如果你不满意，就等我们到了新加坡才吃吧。

Yéyé: Nǐ zǒng shì shuō zìjǐ è, yāoqiú yě nàme duō. Càidān zài zhè'er. Rúguǒ nǐ bù mǎnyì, jiù děng wǒmen dàole xīnjiāpō cái chī ba.

Grandpa: You always say that you are hungry and ask for so much. The menu is here. If you are not satisfied, wait until we arrive in Singapore.

阿文：是啊，要在新加坡多吃点儿。我特别请假带您们去新加坡走走。经理差点儿就不让我请假。

Ā wén: Shì a, yào zài xīnjiāpō duō chī diǎn er. Wǒ tèbié qǐngjià dài nínmen qù xīnjiāpō zǒu zǒu. Jīnglǐ chàdiǎn er jiù bù ràng wǒ qǐngjià.

Ah Wen: Yeah, eat more in Singapore. I took leave to take you to Singapore for a trip. My manager almost stopped me from taking time off.

奶奶：我们明白你是多么的难才请到假的。你非常照顾爷爷和奶奶。

Nǎinai: Wǒmen míngbái nǐ shì duōme de nán cái qǐng dào jiǎ de. Nǐ fēicháng zhàogù yéyé hé nǎinai.

Grandma: We understand how difficult it is for you to ask for leave. You take great care of Grandpa and Grandma.

爷爷：新加坡是在北方还是南方？

Yéyé: Xīnjiāpō shì zài běifāng háishì nánfāng?

Grandpa: Is Singapore north or south?

阿文：中国是在北方。新加坡是在南方。

Ā wén: Zhōngguó shì zài běifāng. Xīnjiāpō shì zài nánfāng.

Ah Wen: China is in the north. Singapore is in the south.

奶奶：阿文，你认为你的阿姨会喜欢我们买的礼物吗？

Nǎinai: Ā wén, nǐ rènwéi nǐ de āyí huì xǐhuān wǒmen mǎi de lǐwù ma?

Grandma: Ah Wen, do you think your aunt would like the gifts we bought?

阿文：我觉得她看见我们为她买的礼物后，一定会高兴极了。如果她不喜欢那些礼物，我们可以拿回去换别的礼物。

Ā wén: Wǒ juédé tā kànjiàn wǒmen wèi tā mǎi de lǐwù hòu, yīdìng huì gāoxìng jíle. Rúguǒ tā bù xǐhuān nàxiē lǐwù, wǒmen kěyǐ ná huíqù huàn bié de lǐwù.

Ah Wen: I think she will be very happy when she sees the gifts we bought for her. If she doesn't like those gifts, we can exchange them for other gifts.

爷爷：那些礼物虽然可以换，但是换了我们就没办法送那些礼物给你阿姨了。

Yéyé: Nàxiē lǐwù suīrán kěyǐ huàn, dànshì huànle wǒmen jiù méi bànfǎ sòng nàxiē lǐwù gěi nǐ āyíle.

Grandpa: Although those gifts can be exchanged, but we won't be able to give those gifts to your aunt if we change them.

奶奶：电视新闻说新加坡有很多便宜的东西卖。

Nǎinai: Diànshì xīnwén shuō xīnjiāpō yǒu hěnduō piányí de dōngxī mài.

Grandma: TV news says a lot things are very cheap in Singapore.

爷爷：你终于开始看新闻了吗？以前我一直叫你看新闻你都说不要。

Yéyé: Nǐ zhōngyú kāishǐ kàn xīnwénle ma? Yǐqián wǒ yīzhí jiào nǐ kàn xīnwén nǐ dōu shuō bu yào.

Grandpa: Have you finally started watching the news? I kept telling you to watch the news before and you said no.

奶奶：过去的事情不要再说好吗？我现在已经习惯每天早上都要看新闻。我发现看新闻是一个很好的习惯。

Nǎinai: Guòqù de shìqíng bùyào zàishuō hǎo ma? Wǒ xiànzài yǐjīng xíguàn měitiān zǎoshang dōu yào kàn xīnwén. Wǒ fāxiàn kàn xīnwén shì yīgè hěn hǎo de xíguàn.

Grandma: Don't talk about the past, okay? I am now used to watching the news every morning. I find it a good habit to watch the news.

阿文：我打算在那儿买一个笔记本电脑。爷爷，奶奶，您们有什么要买的吗？

Ā wén: Wǒ dǎsuàn zài nà'er mǎi yīgè bǐjìběn diànnǎo. Yéyé, nǎinai, nínmen yǒu shé me yāomǎi de ma?

Ah Wen: I plan to buy a laptop there. Grandpa, grandma, do you have anything to buy?

爷爷：这个问题，我让你奶奶回答你吧。

Yéyé: Zhège wèntí, wǒ ràng nǐ nǎinai huídá nǐ ba.

Grandpa: I'll let your Grandma answer this question, .

奶奶：我要去洗手间。洗手间干净吗？

Nǎinai: Wǒ yào qù xǐshǒujiān. Xǐshǒujiān gānjìng ma?

Grandma: I'm going to the toilet. Is the toilet clean?

阿文：一般来说，飞机里的洗手间都不是很干净。您去洗手间要小心点儿。出来的时候不用关灯。

Ā wén: Yībān lái shuō, fēijī lǐ de xǐshǒujiān dōu bùshì hěn gānjìng. Nín qù xǐshǒujiān yào xiǎoxīn diǎn er. Chūlái de shíhòu bùyòng guān dēng.

Ah Wen: Generally, the toilets in the airplane are not very clean. Be careful when you go to the toilet. Don't need to turn off the lights when you come out.

爷爷：阿文，你可以把空调关了吗？我觉得很冷。你阿姨说什么时候来接我们？

Yéyé: Ā wén, nǐ kěyǐ bǎ kòngtiáo guānle ma? Wǒ juédé hěn lěng. Nǐ āyí shuō shénme shíhòu lái jiē wǒmen?

Grandpa: Ah Wen, can you turn off the air conditioner? I feel cold. When is your aunt picking us up?

阿文：阿姨说她十点一刻会到机场接我们。我不知道她是开车还是打出租车。我已经和她说我们有多少个大行李箱了。

Ā wén: Āyí shuō tā shí diǎn yī kè huì dào jīchǎng jiē wǒmen. Wǒ bù zhīdào tā shì kāichē háishì dǎ chūzū chē. Wǒ yǐjīng hé tā shuō wǒmen yǒu duōshǎo gè dà xínglǐ xiāngle.

Ah Wen: Aunt said that she would meet us at the airport at ten o'clock. I don't know if she is driving or taking a taxi. I have told her how many large suitcases we have.

到了新加坡：

Dàole xīnjiāpō:

After arriving in Singapore:

阿文：阿姨打电话过来，她说她的会议还没结束。她的司机会来机场接我们。我们去街道等他吧。我们要注意一辆蓝色的车。

Ā wén: Āyí dǎ diànhuà guòlái, tā shuō tā de huìyì hái méi jiéshù. Tā de sījī huì lái jīchǎng jiē wǒmen. Wǒmen qù jiēdào děng tā ba. Wǒmen yào zhùyì yī liàng lán sè de chē.

Ah Wen: Aunt called and she said her meeting is not over yet. Her driver will pick us up. Let's wait for him on the street. We should pay attention to a blue car.

爷爷：这辆车是阿姨的吗？

Yéyé: Zhè liàng chē shì āyí de ma?

Grandpa: Is this car your aunt's?

司机：对不起，我迟到了。刚才很多车。欢迎你们来到新加坡。请上车。我会把你们的行李箱放在车里。

Sījī: Duìbùqǐ, wǒ chídàole. Gāngcái hěnduō chē. Huānyíng nǐmen lái dào xīnjiāpō. Qǐng shàng chē. Wǒ huì bǎ nǐmen de xínglǐ xiāng fàng zài chē lǐ.

Driver: Sorry, I'm late. There were a lot of cars just now. Welcome to Singapore. Please get in the car. I will take your suitcases.

上了车以后：

Shàngle chē yǐhòu:

After getting in the car:

奶奶：新加坡很干净，洗手间也非常干净。我觉得这儿的变化非常大。

Nǎinai: Xīnjiāpō hěn gānjìng, xǐshǒujiān yě fēicháng gānjìng. Wǒ juédé zhè'er de biànhuà fēicháng dà.

Grandma: Singapore is very clean and the toilets are very clean. I think it has changed a lot here.

爷爷：这是你第一次来新加坡，你这样说，有什么根据吗？

爷爷：这是你第一次来新加坡，你这样说，有什么根据吗？

Yéyé: Zhè shì nǐ dì yī cì lái xīnjiāpō, nǐ zhèyàng shuō, yǒu shé me gēnjù ma?

Grandpa: This is your first visit to Singapore. Do you have any basis to say so?

奶奶：我从电视节目和新闻里看见以前的新加坡。我觉得，和现在的新加坡比，变化是非常的大。

Nǎinai: Wǒ cóng diànshì jiémù hé xīnwén lǐ kànjiàn yǐqián de xīnjiāpō. Wǒ juédé, hé xiànzài de xīnjiāpō bǐ, biànhuà shì fēicháng de dà.

Grandma: I saw Singapore from TV shows and news. I think the change is enormous compared with current Singapore.

爷爷：这儿有很多公园，很多绿绿的花草树木，好像中国的公园。

Yéyé: Zhè'er yǒu hěnduō gōngyuán, hěnduō lǜlǜ de huācǎo shùmù, hǎoxiàng zhōngguó de gōngyuán.

Grandpa: There are many parks here, many green plants and trees, like the parks in China.

司机：不，我认为中国的公园更大。因为新加坡地方小，所以我们的公园也比较小了。你们对音乐感兴趣吗？

Sījī: Bù, wǒ rènwéi zhōngguó de gōngyuán gèng dà. Yīnwèi xīnjiāpō dìfāng xiǎo, suǒyǐ wǒmen de gōngyuán yě bǐjiào xiǎole. Nǐmen duì yīnyuè gǎn xìngqù ma?

Driver: No, I think China's parks are bigger. Because Singapore is small, our parks are also relatively small. Are you interested in music?

阿文：我对音乐很感兴趣。怎么啦？

Ā wén: Wǒ duì yīnyuè hěn gǎn xìngqù. Zěnme la?

Ah Wen: I'm interested in music. Why?

司机：这儿有很多音乐会。我可以帮你们买音乐会的票。

Sījī: Zhè'er yǒu hěnduō yīnyuè huì. Wǒ kěyǐ bāng nǐmen mǎi yīnyuè huì de piào.

Driver: There are many concerts here. I can buy the concert tickets for you.

爷爷：我喜欢安静。不去看音乐会了。你阿姨的会议什么时候结束？

Yéyé: Wǒ xǐhuān ānjìng. Bù qù kàn yīnyuè huìle. Nǐ āyí de huìyì shénme shíhòu jiéshù?

Grandpa: I prefer quiet. Not going to the concert. When does your aunt's meeting end?

司机：应该已经结束了。

Sījī: Yīnggāi yǐjīng jiéshùle.

Driver: It should be over by now.

到了阿姨的家：

Dàole āyí de jiā:

At aunt's house:

阿姨：欢迎欢迎。你们快进来。对不起我没能去机场接你们。

Āyí: Huānyíng huānyíng. Nǐmen kuài jìnlái. Duìbùqǐ wǒ méi néng qù jīchǎng jiē nǐmen.

Aunt: Welcome. Come in quickly. Sorry I couldn't meet you at the airport.

阿文：这儿是我们送给您的礼物。希望您会喜欢。

Ā wén: Zhè'er shì wǒmen sòng gěi nín de lǐwù. Xīwàng nín huì xǐhuān.

Ah Wen: Here are our gifts for you. I hope you like them.

阿姨：人来就好了，不用买礼物了。阿文，你变得又高又大。你现在几米高？

Āyí: Rén lái jiù hǎole, bùyòng mǎi lǐwùle. Ā wén, nǐ biàn dé yòu gāo yòu dà. Nǐ xiànzài jǐmǐ gāo?

Aunt: Don't need to buy gifts, thanks. Ah Wen, you have become so tall and big. How tall are you now?

阿文：我是1.8米高。阿姨，您越来越漂亮啊。

Ā wén: Wǒ shì 1.8 Mǐ gāo. Āyí, nín yuè lái yuè piàoliang a.

Ah Wen: I'm 1.8 meters tall. Aunt, you are getting more and more beautiful.

阿姨：你的嘴真甜，真会说话。我已经老了，不像年轻的时候。你们都累了吗？先去洗澡然后去睡觉吧。阿文，你的房间是在楼上。爷爷，奶奶，中间这个房间是你们的。明天我叫司机带你们出去玩儿。

Āyí: Nǐ de zuǐ zhēn tián, zhēn huì shuōhuà. Wǒ yǐjīng lǎole, bù xiàng niánqīng de shíhòu. Nǐmen dōu lèile ma? Xiān qù xǐzǎo ránhòu qù shuìjiào ba. Ā wén, nǐ de fángjiān shì zài lóu shàng. Yéyé, nǎinai, zhōngjiān zhège fángjiān shì nǐmen de. Míngtiān wǒ jiào sījī dài nǐmen chūqù wán er.

Aunt: Your are so sweet and you can really flatter. I'm old already, unlike when I was younger. Are you all tired? Go and have a bath first and then go to bed. Ah Wen, your room is upstairs. Grandpa, Grandma, this room in the middle is yours. Tomorrow I will ask the driver to bring you around.

阿文：我们想自己去玩儿。我们已经买了地图，坐地铁很方便。

Ā wén: Wǒmen xiǎng zìjǐ qù wán er. Wǒmen yǐjīng mǎile dìtú, zuò dìtiě hěn fāngbiàn.

Ah Wen: We want to explore by ourselves. We have bought the map and it is very convenient to take the subway.

阿姨：你们是我的客人，怎么能让你们坐地铁呢？

Āyí: Nǐmen shì wǒ de kèrén, zěnme néng ràng nǐmen zuò dìtiě ne?

Aunt: You are my guests. How can I let you take the subway?

爷爷：我很了解阿文，如果他决定了要怎么做，谁都改变不了。

Yéyé: Wǒ hěn liǎojiě ā wén, rúguǒ tā juédìngle yào zěnme zuò, shéi dōu gǎibiàn bùliǎo.

Grandpa: I know Ah Wen well. If he has decided on what to do, no one can change his mind.

阿文：阿姨，您不用担心。看地图是很简单的事情。您不是说新加坡的人又热情，又很爱帮助别人吗？

Ā wén: Āyí, nín bùyòng dānxīn. Kàn dìtú shì hěn jiǎndān de shìqíng. Nín bùshì shuō xīnjiāpō de rén yòu rèqíng, yòu hěn ài bāngzhù biérén ma?

Ah Wen: Aunt, you don't need to worry. It's easy to read the map. Didn't you say that people in Singapore are friendly and love helping others?

阿姨：好吧，就这样决定吧。记得要小心点儿。看来阿文真的已经长大了。

Āyí: Hǎo ba, jiù zhèyàng juédìng ba. Jìdé yào xiǎoxīn diǎn er. Kàn lái ā wén zhēn de yǐjīng zhǎng dàle.

Aunt: Okay, it's decided. Remember to be careful. It seems that Ah Wen has really grown up.

奶奶：是啊，如果不是阿文带我们过来，我们一定不能过来的。这孩子又认真又热情，哪位女孩子跟他结婚都一定会幸福极了。

Năinai: Shì a, rúguǒ bùshì ā wén dài wǒmen guòlái, wǒmen yīdìng bùnéng guòlái de. Zhè háizi yòu rènzhēn yòu rèqíng, nǎ wèi nǚ hái zǐ gēn tā jiéhūn dōu yīdìng huì xìngfú jíle.

Grandma: Yeah, we wouldn't be here if Ah Wen had not brought us here. This child is serious and enthusiastic. Any girl who marries him will be extremely blessed.

爷爷：他还很努力的工作，不久后他一定能做经理了。

Yéyé: Tā hái hěn nǔlì de gōngzuò, bùjiǔ hòu tā yīdìng néng zuò jīnglǐle.

Grandpa: He works very hard, and soon he will be able to be a manager.

阿文：您们不要再笑我了。我要去刷牙洗澡然后睡觉。明天见。

Ā wén: Nínmen bùyào zài xiào wǒle. Wǒ yào qù shuāyá xǐzǎo ránhòu shuìjiào. Míngtiān jiàn.

Ah Wen: Don't laugh at me anymore. I'm going to brush my teeth, bathe and sleep. See you tomorrow.

Statistics for Story [5]

1078 Total Word Count

310 Number of Unique Words

138 (46.31 %) of the 300 HSK 3 words are used in this Story

95.45 % of the Story comprise of the Extended HSK 1&2&3 words

19 New Words

New Words	Pinyin	Explanation
国元	Guó Yuán	Name of person
小米	Xiǎo Mǐ	Name of person
冰冰	Bīngbīng	Name of person
收	Shōu	Accept
以外	Yǐwài	Other than
留	Liú	Remain, stay
买单	Mǎidān	Pay Bill
拍	Pāi	Taken (photo)
全	Quán	All
熟悉	Shúxī	Familiar with
算	Suàn	Calculate
停	Tíng	Stop

New Words	Pinyin	Explanation
适合	Shìhé	Suitable for
伤	Shāng	Hurt
小学	Xiǎoxué	Primary school
赢	Yíng	Win
连	Lián	Even
份	Fèn	Part, portion
现金	Xiànjīn	Cash

[5] My Standard 6 Classmate
六年级的同学

几乎每一个周末我都去城市的超市买菜和水果。那家超市的香蕉特别新鲜。冬天到了,天气会特别冷。我买的香蕉应该不用放在冰箱里了。我想我还是多买几公斤香蕉吧。

今天我一共花了几百元,再也没钱打出租车回家。买了这么多公斤的香蕉,我还是骑自行车回家吧。还好我今天没穿裙子,而是穿一条短裤子。

突然我听到有人叫我,这个人的声音很熟悉,好像在哪儿听过。他穿着绿色的衬衫,黑色的长裤子,蓝色的帽子,黑色的皮鞋,好像刚下班。他不会是我的同事吧?我一点儿都不记得他是谁。

我:你在叫我啊?

国元：是啊。冰冰，我是国元啊。你不记得我吗？我们是小学六年级时候的同学。想不到在这儿遇到你。我们很久没见面了。

我：你是国元？你现在多么的瘦啊！你好吗？我们有十二年左右没见面了。你刚下班？周末还要工作？

国元：是，最近比较忙，刚才我去办公室发几个电子邮件。没办法，做经理不简单，必须比别人多做点儿。你呢？你怎么样？还好吗？

我：我很好。你的办公室在附近吗？

国元：我的办公室是在附近。从这儿可以看见。就是那个高楼。我在二十三层楼。这里很方便，非常多饭馆和银行，又容易打出租车。你吃了饭没有？

我：还没吃饭。

国元：来，我请你吃饭。在附近有一家非常有名的饭馆。你可以先上网看他们的菜单，然后我们才决定要不要在那儿吃。

我：不用上网看了，我们就去那儿。

我就拿着几公斤的香蕉跟国元一起走。我们走啊走，走了半个小时左右，终于到了那家饭馆。

我：这里很大。

国元：他们北京的饭馆更大。这里才两层楼，北京的有五层楼，客人必须坐电梯上去。今天这么冷，我们上去二楼吧。二楼没有空调。

服务员为我们准备好了位子后：

服务员：先生想吃什么？

国元：你们这儿收信用卡吗？

服务员：对不起，我们只收现金，不收信用卡。不要担心，附近有银行。

国元：好吧，我们先点菜，然后我去银行拿钱。你口渴吗？你想喝茶还是啤酒？

我：我茶或者啤酒都喝。

国元：好，先拿两瓶啤酒来。

服务员：好，两瓶啤酒马上来。

我：这儿的环境非常好，地方又干净，服务员的服务也很好。音乐也非常的好听。这家饭馆真是一个好的选择。

国元：你等我一会儿。我去银行拿些钱，很快就回来。

过了一会儿：

国元：啤酒来了。你先喝。

我：这啤酒的瓶子很特别。这啤酒是从哪个国家来的？

国元：我也不知道啤酒是从哪个国家来。我只会喝。好喝吗？

我：我口渴，什么都好喝。除了我，你还遇到了其他的同学吗？

国元：我上个周末遇到了小米。她刚结婚和搬了家。

我：她搬去哪儿？

国元：她搬了去北方。我们一起拍了张照片。你看。

我：小米看起来很快乐。这位站在中间的是谁啊？

国元：你看不出来吗？站在中间的就是我的叔叔。我叔叔已经老了。他的头发都全白了。他年轻的时候经常去运动，他为一的爱好就是锻炼身体。但是最近他已经停下来了，对体育运动也不感兴趣了。

我：我记起来了。我怎么能忘记你叔叔呢？我们三年级的时候，他带我们去黄河坐船，小米还不小心，差点儿伤了她的脚。她的妈妈再也不让她去黄河旁边玩儿或者坐船了。

国元：我叔叔还经常借你玩他的电子游戏，玩了好半天你都不回家。你练习了很久都没赢过叔叔。其实，你被我叔叔影响了，连作业都没做，一直玩游戏。

我：是啊，你叔叔对我的影响非常大。我现在的工作就是每天玩电子游戏。

国元：有这种工作吗？真有意思。

我：我的成绩不好，不能上大学，只能找些适合我的工作。

国元：你每天除了打电子游戏以外，不复习也不练习，你能得到好的成绩吗？

我：因为我的成绩不好，所以我才做这份工作。其实我对电子游戏还是很感兴趣的。我每天打电子游戏多么好啊。

国元：那我也为你高兴。我还要去办公室发些电子邮件。我们走吧。服务员，买单。

服务员：一共两百三十五元六角三分。

国元：你一角两分都要算吗?

服务员：对不起，我们这儿已经非常便宜了。

国元：我的钱包呢?

我：别着急。你刚才从银行回来。你会不会留了你的钱包在银行呢?

国元：不会的。一定是有人拿了我的钱包。我刚才把钱包放在桌子上。你们真的不收信用卡吗?

服务员：对不起，我们不收信用卡。你这位朋友可以先给钱，然后你还给她。

我：我的钱花完了。我只有几公斤的香蕉。你收香蕉吗?

Pinyin and Translation [5]

几乎每一个周末我都去城市的超市买菜和水果。那家超市的香蕉特别新鲜。冬天到了，天气会特别冷。我买的香蕉应该不用放在冰箱里了。我想我还是多买几公斤香蕉吧。

Jīhū měi yīgè zhōumò wǒ dū qù chéngshì de chāoshì mǎi cài hé shuǐguǒ. Nà jiā chāoshì de xiāngjiāo tèbié xīnxiān. Dōngtiān dàole, tiānqì huì tèbié lěng. Wǒ mǎi de xiāngjiāo yīnggāi bùyòng fàng zài bīngxiāng lǐle. Wǒ xiǎng wǒ háishì duō mǎi jǐ gōngjīn xiāngjiāo ba.

I go to the supermarket in the city, almost every weekend to buy food and fruit. The bananas in that supermarket are particularly fresh. Winter is here, and the weather will be exceptionally cold. The bananas I purchased need not be kept in the refrigerator. I think I can buy a few kilos more bananas.

今天我一共花了几百元，再也没钱打出租车回家。买了这么多公斤的香蕉，我还是骑自行车回家吧。还好我今天没穿裙子，而是穿一条短裤子。

Jīntiān wǒ yīgòng huāle jǐ bǎi yuán, zài yě méi qián dǎ chūzū chē huí jiā. Mǎile zhème duō gōngjīn de xiāngjiāo, wǒ háishì qí zìxíngchē huí jiā ba. Hái hǎo wǒ jīntiān méi chuān qúnzi, ér shì chuān yītiáo duǎn kùzi.

Today I spent a few hundred yuan in total and don't have enough money to take a taxi home. After buying so many kilos of bananas, I'll go home by bicycle. Fortunately, I didn't wear a skirt today, but a pair of shorts.

突然我听到有人叫我，这个人的声音很熟悉，好像在哪儿听过。他穿着绿色的衬衫，黑色的长裤子，蓝色的帽子，黑色的皮鞋，好像刚下班。他不会是我的同事吧？我一点儿都不记得他是谁。

Túrán wǒ tīng dào yǒurén jiào wǒ, zhège rén de shēngyīn hěn shúxī, hǎoxiàng zài nǎ'er tīngguò. Tā chuānzhuó lǜsè de chènshān, hēisè de cháng kùzi, lán sè de màozi, hēisè de píxié, hǎoxiàng gāng xiàbān. Tā bù huì shì wǒ de tóngshì ba? Wǒ yīdiǎn er dōu bù jìdé tā shì shéi.

Suddenly I heard someone call me, this person's voice is very familiar as if I heard it from somewhere before. He was wearing a green shirt, long black pants, a blue hat, and black leather shoes. Is he my colleague? I don't remember who he is.

我：你在叫我啊？

Wǒ: Nǐ zài jiào wǒ a?

Me: Are you calling me?

国元：是啊。冰冰，我是国元啊。你不记得我吗？我们是小学六年级时候的同学。想不到在这儿遇到你。我们很久没见面了。

Guó Yuán: Shì a. Bīngbīng, wǒ shì guó yuán a. Nǐ bù jìdé wǒ ma? Wǒmen shì xiǎoxué liù niánjí shíhòu de tóngxué. Xiǎngbùdào zài zhè'er yù dào nǐ. Wǒmen hěnjiǔ méi jiànmiànle.

Guo Yuan: Yes. Bingbing, I'm Guo Yuan. Don't you remember me? We were classmates in sixth grade. I didn't expect to meet you here. We haven't seen each other for such a long time.

我：你是国元？你现在多么的瘦啊！你好吗？我们有十二年左右没见面了。你刚下班？周末还要工作？

Wǒ: Nǐ shì guó yuán? Nǐ xiànzài duōme de shòu a! Nǐ hǎo ma? Wǒmen yǒu shí'èr nián zuǒyòu méi jiànmiànle. Nǐ gāng xiàbān? Zhōumò hái yào gōngzuò?

Me: Are you Guo Yuan? You are very thin now! How are you? We haven't seen each other for about twelve years. Did you just get off work? Still working on weekends?

国元：是，最近比较忙，刚才我去办公室发几个电子邮件。没办法，做经理不简单，必须比别人多做点儿。你呢？你怎么样？还好吗？

Guó Yuán: Shì, zuìjìn bǐjiào máng, gāngcái wǒ qù bàngōngshì fā jǐ gè diànzǐ yóujiàn. Méi bànfǎ, zuò jīnglǐ bù jiǎndān, bìxū bǐ biérén duō zuò diǎn er. Nǐ ne? Nǐ zěnme yàng? Hái hǎo ma?

Guoyuan: Yes, I've been busy recently. I went to the office to send some emails just now. What to do, being a manager is not easy, you have to do more than others. How about you? How are you? Are you ok?

我：我很好。你的办公室在附近吗？

Wǒ: Wǒ hěn hǎo. Nǐ de bàngōngshì zài fùjìn ma?

Me: I'm fine. Is your office nearby?

国元：我的办公室是在附近。从这儿可以看见。就是那个高楼。我在二十三层楼。这里很方便，非常多饭馆和银行，又容易打出租车。你吃了饭没有？

Guó Yuán: Wǒ de bàngōngshì shì zài fùjìn. Cóng zhè'er kěyǐ kànjiàn. Jiùshì nàgè gāolóu. Wǒ zài èrshísān céng lóu. Zhèlǐ hěn fāngbiàn, fēicháng duō fànguǎn hé yínháng, yòu róngyì dǎ chūzū chē. Nǐ chīle fàn méiyǒu?

Guo Yuan: My office is nearby. It can be seen from here. That's the building. I'm on the 23rd floor. It is very convenient, there are many restaurants and banks, and it is easy to grab a taxi. Have you eaten?

我：还没吃饭。

我：Hái méi chīfàn.

Me: I haven't eaten yet.

国元：来，我请你吃饭。在附近有一家非常有名的饭馆。你可以先上网看他们的菜单，然后我们才决定要不要在那儿吃。

Guó Yuán: Lái, wǒ qǐng nǐ chīfàn. Zài fùjìn yǒu yījiā fēicháng yǒumíng de fànguǎn. Nǐ kěyǐ xiān shàngwǎng kàn tāmen de càidān, ránhòu wǒmen cái juédìng yào bùyào zài nà'er chī.

Guo Yuan: Come, my treat. There is a very famous restaurant nearby. You can check their menus online before we decide whether to eat there.

我：不用上网看了，我们就去那儿。

Wǒ: Bùyòng shàngwǎng kànle, wǒmen jiù qù nà'er.

Me: No need to go online, let's go to the restaurant.

我就拿着几公斤的香蕉跟国元一起走。我们走啊走，走了半个小时左右，终于到了那家饭馆。

Wǒ jiù názhe jǐ gōngjīn de xiāngjiāo gēn guó yuán yīqǐ zǒu. Wǒmen zǒu a zǒu, zǒule bàn gè xiǎoshí zuǒyòu, zhōngyú dàole nà jiā fànguǎn.

I carried the few kilos of bananas and walked with Guo Yuan. We walked for about half an hour and finally arrived at the restaurant.

我：这里很大。

Wǒ: Zhèlǐ hěn dà.

Me: It's big here.

国元：他们北京的饭馆更大。这里才两层楼，北京的有五层楼，客人必须坐电梯上去。今天这么冷，我们上去二楼吧。二楼没有空调。

Guó Yuán: Tāmen běijīng de fànguǎn gèng dà. Zhèlǐ cái liǎng céng lóu, běijīng de yǒu wǔ céng lóu, kèrén bìxū zuò diàntī shàngqù. Jīntiān zhème lěng, wǒmen shàngqù èr lóu ba. Èr lóu méiyǒu kòng diào.

Guo Yuan: Their Beijing restaurant is bigger. There are only two floors here. There are five floors in Beijing. Guests have to take the elevator to go up. It's so cold today, let's go up to the second floor. There is no air-conditioning on the second floor.

服务员为我们准备好了位子后：

Fúwùyuán wèi wǒmen zhǔnbèi hǎole wèizi hòu:

After the waiter prepared our seats:

服务员：先生想吃什么？

Fúwùyuán: Xiānshēng xiǎng chī shénme?

Waiter: What would you like to eat, sir?

国元：你们这儿收信用卡吗？

Guó Yuán: Nǐmen zhè'er shōu xìnyòngkǎ ma?

Guo Yuan: Do you accept credit cards here?

服务员：对不起，我们只收现金，不收信用卡。不要担心，附近有银行。

Fúwùyuán: Duìbùqǐ, wǒmen zhǐ shōu xiànjīn, bù shōu xìnyòngkǎ. Bùyào dānxīn, fùjìn yǒu yínháng.

Waiter: Sorry, we only accept cash, not credit cards. Don't worry, there are banks nearby.

国元：好吧，我们先点菜，然后我去银行拿钱。你口渴吗？你想喝茶还是啤酒？

Guó Yuán: Hǎo ba, wǒmen xiān diǎn cài, ránhòu wǒ qù yínháng ná qián. Nǐ kǒu kě ma? Nǐ xiǎng hē chá háishì píjiǔ?

Guo Yuan: Well, let's order first, and then I go to the bank to get the money. Are you thirsty? Do you want tea or beer?

我：我茶或者啤酒都喝。

Wǒ: Wǒ chá huòzhě píjiǔ dōu hē.

Me: I can drink either tea or beer.

国元：好，先拿两瓶啤酒来。

Guó Yuán: Hǎo, xiān ná liǎng píng píjiǔ lái.

Guo Yuan: Okay, let's get two bottles of beer.

服务员：好，两瓶啤酒马上来。

Fúwùyuán: Hǎo, liǎng píng píjiǔ mǎshàng lái.

Waiter: Ok, two bottles of beer coming right up.

我：这儿的环境非常好，地方又干净，服务员的服务也很好。音乐也非常的好听。这家饭馆真是一个好的选择。

Wǒ: Zhè'er de huánjìng fēicháng hǎo, dìfāng yòu gānjìng, fúwùyuán de fúwù yě hěn hǎo. Yīnyuè yě fēicháng de hǎotīng. Zhè jiā fànguǎn zhēnshi yīgè hǎo de xuǎnzé.

Me: The environment here is very good, the place is clean, and the service of the waiters is also very good. The music is also very nice. This restaurant is definitely a good choice.

国元：你等我一会儿。我去银行拿些钱，很快就回来。

Guó Yuán: Nǐ děng wǒ yīhuǐ'er. Wǒ qù yínháng ná xiē qián, hěn kuài jiù huílái.

Guo Yuan: Wait for me for a while. I am going to the bank to get some money and will be back soon.

过了一会儿：

Guòle yīhuǐ'er:

After a while:

国元：啤酒来了。你先喝。

Guó Yuán: Píjiǔ láile. Nǐ xiān hē.

Guo Yuan: Here comes the beer. You drink first.

我：这啤酒的瓶子很特别。这啤酒是从哪个国家来的？

Wǒ: Zhè píjiǔ de píngzi hěn tèbié. Zhè píjiǔ shì cóng nǎge guójiā lái de?

Me: This beer bottle looks special. Which country does this beer come from?

国元：我也不知道啤酒是从哪个国家来。我只会喝。好喝吗？

Guó Yuán: Wǒ yě bù zhīdào píjiǔ shì cóng nǎge guójiā lái. Wǒ zhǐ huì hē. Hǎo hē ma?

Guo Yuan: I don't know which country the beer came from. I just drink. Is it good?

我：我口渴，什么都好喝。除了我，你还遇到了其他的同学吗？

Wǒ: Wǒ kǒu kě, shénme dōu hǎo hē. Chúle wǒ, nǐ hái yù dàole qítā de tóngxué ma?

Me: When I am thirsty, everything will taste good. Have you met any classmates other than me?

国元：我上个周末遇到了小米。她刚结婚和搬了家。

Guó Yuán: Wǒ shàng gè zhōumò yù dàole xiǎomǐ. Tā gāng jiéhūn hé bānle jiā.

Guo Yuan: I met Xiao Mi last weekend. She just got married and moved.

我：她搬去哪儿？

Wǒ: Tā bān qù nǎ'er?

Me: Where did she move to?

国元：她搬了去北方。我们一起拍了张照片。你看。

Guó Yuán: Tā bānle qù běifāng. Wǒmen yīqǐ pāile zhāng zhàopiàn. Nǐ kàn.

Guo Yuan: She moved to the north. We took a picture together. Look.

我：小米看起来很快乐。这位站在中间的是谁啊？

Wǒ: Xiǎomǐ kàn qǐlái hěn kuàilè. Zhè wèi zhàn zài zhōngjiān de shì shéi a?

Me: Xiao Mi looks happy. Who is this person standing in the middle?

国元：你看不出来吗？站在中间的就是我的叔叔。我叔叔已经老了。他的头发都全白了。他年轻的时候经常去运动，他为一的爱好就是锻炼身体。但是最近他已经停下来了，对体育运动也不感兴趣了。

Guó Yuán: Nǐ kàn bù chūlái ma? Zhàn zài zhōngjiān de jiùshì wǒ de shūshu. Wǒ shūshu yǐjīng lǎole. Tā de tóufǎ dōu quán báile. Tā niánqīng de shíhòu jīngcháng qù yùndòng, tā wéi yī de àihào jiùshì duànliàn shēntǐ. Dànshì zuìjìn tā yǐjīng tíng xiàláile, duì tǐyù yùndòng yě bùgǎn xìngqùle.

Guo Yuan: Can't you recognise him? Standing in the middle is my uncle. My uncle is old now. His hair is all white. He used to exercise when he was young, and his hobby is to exercise. But recently he has stopped and is not interested in sports anymore.

我：我记起来了。我怎么能忘记你叔叔呢？我们三年级的时候，他带我们去黄河坐船，小米还不小心，差点儿伤了她的脚。她的妈妈再也不让她去黄河旁边玩儿或者坐船了。

Wǒ: Wǒ jì qǐláile. Wǒ zěnme néng wàngjì nǐ shūshu ne? Wǒmen sān niánjí de shíhòu, tā dài wǒmen qù huánghé zuò chuán, xiǎomǐ hái bù xiǎoxīn, chàdiǎn er shāngle tā de jiǎo. Tā de māmā zài yě bù ràng tā qù huánghé pángbiān wán er huòzhě zuò chuánle.

Me: I remember. How can I forget your uncle? When we were in third grade, he took us to the Yellow River for a boat ride. Xiao Mi was not careful and almost hurt her foot. Her mother never let her go to play or take a boat at the Yellow River after that.

国元：我叔叔还经常借你玩他的电子游戏，玩了好半天你都不回家。你练习了很久都没赢过叔叔。其实，你被我叔叔影响了，连作业都没做，一直玩游戏。

Guó Yuán: Wǒ shūshu hái jīngcháng jiè nǐ wán tā de diànzǐ yóuxì, wánle hǎo bàntiān nǐ dōu bù huí jiā. Nǐ liànxíle hěnjiǔ dōu méi yíngguò shūshu. Qíshí, nǐ bèi wǒ shūshu yǐngxiǎngle, lián zuòyè dōu méi zuò, yīzhí wán yóuxì.

Guo Yuan: My uncle often lends you his video games. You played until you wouldn't go home. You played for a long time and yet couldn't beat my uncle. You were so affected by my uncle, you didn't even do your homework, you just kept playing games.

我：是啊，你叔叔对我的影响非常大。我现在的工作就是每天玩电子游戏。

Wǒ: Shì a, nǐ shūshu duì wǒ de yǐngxiǎng fēicháng dà. Wǒ xiànzài de gōngzuò jiùshì měitiān wán diànzǐ yóuxì.

Me: Yeah, your uncle's influence on me is very big. My current job is to play video games every day.

国元：有这种工作吗？真有意思。

Guó Yuán: Yǒu zhè zhǒng gōngzuò ma? Zhēn yǒuyìsi.

Guo Yuan: Is there such a job? That is interesting.

我：我的成绩不好，不能上大学，只能找些适合我的工作。

Wǒ: Wǒ de chéngjī bù hǎo, bùnéng shàng dàxué, zhǐ néng zhǎo xiē shìhé wǒ de gōngzuò.

Me: My grades are not good. I can't go to college. I can only find jobs that suit me.

国元：你每天除了打电子游戏以外，不复习也不练习，你能得到好的成绩吗？

Guó Yuán: Nǐ měitiān chúle dǎ diànzǐ yóuxì yǐwài, bù fùxí yě bù liànxí, nǐ néng dédào hǎo de chéngjī ma?

Guo Yuan: You just play video games every day, you don't study or review. How can you get good results?

我：因为我的成绩不好，所以我才做这份工作。其实我对电子游戏还是很感兴趣的。我每天打电子游戏多么好啊。

Wǒ: Yīnwèi wǒ de chéngjī bù hǎo, suǒyǐ wǒ cái zuò zhè fèn gōngzuò. Qíshí wǒ duì diànzǐ yóuxì háishì hěn gǎn xìngqù de. Wǒ měitiān dǎ diànzǐ yóuxì duōme hǎo a.

Me: I took this job because my grades were not good. In fact, I am still very interested in video games. It is so good that I get to play video games every day.

国元：那我也为你高兴。我还要去办公室发些电子邮件。我们走吧。服务员，买单。

Guó Yuán: Nà wǒ yě wèi nǐ gāoxìng. Wǒ hái yào qù bàngōngshì fā xiē diànzǐ yóujiàn. Wǒmen zǒu ba. Fúwùyuán, mǎidān.

Guo Yuan: Then I am happy for you too. I have to go to the office and send somemore emails. Let's go. Waiter, check please.

服务员：一共两百三十五元六角三分。

Fúwùyuán: Yīgòng liǎng bǎi sānshíwǔ yuán liùjiǎo sān fēn.

Waiter: The total is two hundred thirty five yuan and sixty three cents.

国元：你一角两分都要算吗？

Guó yuán: Nǐ yījiǎo liǎng fēn dōu yào suàn ma?

Guo Yuan: Do you have to count the cents too?

服务员：对不起，我们这儿已经非常便宜了。

Fúwùyuán: Duìbùqǐ, wǒmen zhè'er yǐjīng fēicháng piányíle.

Waiter: Sorry, it is already very cheap.

国元：我的钱包呢？

Guó Yuán: Wǒ de qiánbāo ne?

Guo Yuan: Where is my wallet?

我：别着急。你刚才从银行回来。你会不会留了你的钱包在银行呢？

Wǒ: Bié zhāojí. Nǐ gāngcái cóng yínháng huílái. Nǐ huì bù huì liúle nǐ de qiánbāo zài yínháng ne?

Me: Don't worry. You just came back from the bank. Did you leave your wallet at the bank?

国元：不会的。一定是有人拿了我的钱包。我刚才把钱包放在桌子上。你们真的不收信用卡吗？

Guó Yuán: Bù huì de. Yīdìng shì yǒurén nále wǒ de qiánbāo. Wǒ gāngcái bǎ qiánbāo fàng zài zhuōzi shàng. Nǐmen zhēn de bù shōu xìnyòngkǎ ma?

Guo Yuan: No. Someone must have taken my wallet. I just put my wallet on the table. You really don't accept credit cards?

服务员：对不起，我们不收信用卡。你这位朋友可以先给钱，然后你还给她。

Fúwùyuán: Duìbùqǐ, wǒmen bù shōu xìnyòngkǎ. Nǐ zhè wèi péngyǒu kěyǐ xiān gěi qián, ránhòu nǐ hái gěi tā.

Waiter: Sorry, we do not accept credit cards. Your friend can pay first, and then you can pay her back.

我：我的钱花完了。我只有几公斤的香蕉。你收香蕉吗？

Wǒ: Wǒ de qián huā wánliǎo. Wǒ zhǐyǒu jǐ gōngjīn de xiāngjiāo. Nǐ shōu xiāngjiāo ma?

Me: I've ran out of money. I only have a few kilos of bananas. Do you accept bananas?

Appendix A HSK 3 Vocabulary

Words	Pinyin	Explanation
阿姨	ā yí	aunt
啊	a	used at the end of the sentence to indicate confirmation or defense
矮	ǎi	short; low
爱好	ài hào	hobby; interest
安静	ān jìng	quiet; peaceful; calm
把	bǎ	used for things with a handle)
班	bān	class
搬	bān	to move; to carry
办法	bàn fǎ	way, approach
办公室	bàn gōng shì	office
半	bàn	half
帮忙	bāng máng	to help
包	bāo	bag, sack
饱	bǎo	full, have eaten one's fill
北方	běi fāng	north; the northern part
被	bèi	used to indicate the passive voice
鼻子	bí zi	nose
比较	bǐ jiào	fairly, rather
比赛	bǐ sài	(sports) match; competition
笔记本	bǐ jì běn	notebook, laptop
必须	bì xū	must
变化	biàn huà	to change

别人	bié ren	other people
冰箱	bīng xiāng	refrigerator
不但	bú dàn	not only
而且	ér qiě	but also
菜单	cài dān	menu
参加	cān jiā	to participate
草	cǎo	grass
层	céng	used for floors of building
差	chà	to fall short of
超市	chāo shì	supermarket
衬衫	chèn shān	shirt
成绩	chéng jì	grade, performance, achievement
城市	chéng shì	city or town
迟到	chí dào	arrive late
除了	chú le	besides, except for, aside from, in addition to, other than
船	chuán	a boat; vessel; ship
春	chūn	spring (season)
词典	cí diǎn	dictionary
聪明	cōng ming	intelligent; clever; bright; smart
打扫	dǎ sǎo	to clean; to sweep
打算	dǎ suàn	to plan; intend
带	dài	to bring; to take along
担心	dān xīn	to worry;
蛋糕	dàn gāo	cake
当然	dāng rán	of course

地	de	used to connect an adverbial modifier and the verb it modifies
灯	dēng	lamp; light
地方	dì fang	place
地铁	dì tiě	subway
地图	dì tú	map
电梯	diàn tī	elevator
电子邮件	diàn zǐ yóu jiàn	email
东	dōng	East
冬	dōng	winter
动物	dòng wù	animal
短	duǎn	short (in length, duration, or height)
段	duàn	paragraph; segment; section
锻炼	duàn liàn	to exercise; work out
多么	duō me	very, to a great extent
饿	è	hungry
耳朵	ěr duo	ear
发	fā	to send
发烧	fā shāo	have a fever
发现	fā xiàn	to discover
方便	fāng biàn	convenient
放	fàng	to put; to place; to release; to free
放心	fàng xīn	to ease one's mind; to rest assured
分	fēn | fèn	*fen* a unit of money (=1/10 jiao) | to distinguish
附近	fù jìn	(in the) vicinity; nearby

复习	fù xí	revise; to review
干净	gān jìng	clean; neat and tidy
感冒	gǎn mào	catch a cold;
感兴趣	gǎn xìng qù	to be interested in
刚才	gāng cái	just now; a moment ago
个子	gè zi	height; stature; build
根据	gēn jù	according to; based on; basis
跟	gēn	to follow; go with; with
更	gèng	more; even more
公斤	gōng jīn	kilogram
公园	gōng yuán	public park
故事	gù shi	story; tale
刮风	guā fēng	windy; to blow (wind)
关	guān	to close; to shut; to turn off
关系	guān xi	relationship
关心	guān xīn	to care for; to be interested in; concerned about/with
关于	guān yú	about; regarding; concerning
国家	guó jiā	country; nation
过	guò	to pass; to cross; go over; (indicates a past experience)
过去	guò qù	in the past; formerly
还是	hái shi	or; still; nevertheless
害怕	hài pà	to be afraid of; to fear; to be scared
黑板	hēi bǎn	blackboard
后来	hòu lái	afterwards; after; later
护照	hù zhào	passport

花	huā	flower; blossom | spend money; cost
画	huà	draw; picture; painting
坏	huài	bad; broken, ruined
欢迎	huān yíng	to welcome; greet
还	huán	to return something
环境	huán jìng	environment; surroundings
黄河	huánghé	Yellow River, the second longest river in China
换	huàn	to exchange; to substitute
回答	huí dá	to reply; to answer
会议	huì yì	meeting; conference
或者	huò zhě	or
几乎	jī hū	almost
机会	jī huì	opportunity
极（了）	jí (le)	extremely
记得	jì de	to remember
季节	jì jié	season
检查	jiǎn chá	to check; to examine; to inspect
简单	jiǎn dān	simple; not complicated
见面	jiàn miàn	to meet/see somebody
健康	jiàn kāng	health; healthy
讲	jiǎng	to talk; to lecture; to explain; a speech
教	jiāo	to teach
角	jiǎo	unit of money (1/10 yuan)
脚	jiǎo	foot (body part)
接	jiē	to meet; to pick up (somebody)

街道	jiē dào	street
节目	jié mù	programme
节日	jié rì	festival
结婚	jié hūn	to marry; to get married
结束	jié shù	to end; to finish; conclude
解决	jiě jué	settle (a dispute); resolve; solve
借	jiè	to lend; to borrow
经常	jīng cháng	often; frequently
经过	jīng guò	to pass by
经理	jīng lǐ	manager
久	jiǔ	for a long time; long (time)
旧	jiù	old; used; worn
句子	jù zi	sentence
决定	jué dìng	to decide
可爱	kě ài	cute; lovely; adorable
渴	kě	thirsty
刻	kè	quarter (hour)
客人	kè rén	guest; customer
空调	kōng tiáo	air conditioner
口	kǒu	mouth | mouthful
哭	kū	to cry; to weep
裤子	kù zi	pants; trousers
筷子	kuài zi	chopsticks
蓝	lán	blue
老	lǎo	old; aged
离开	lí kāi	to leave; to depart; to part with
礼物	lǐ wù	gift; present

历史	lì shǐ	history
脸	liǎn	face
练习	liàn xí	practice; exercise
辆	liàng	used for vehicles
聊天	liáo tiān	to chat
了解	liǎo jiě	to comprehend; to understand; to know; to find out
邻居	lín jū	neighbour
留学	liú xué	to study abroad
楼	lóu	story; floor; (multi-story) building
绿	lǜ	green
马	mǎ	horse
马上	mǎ shàng	at once; immediately; right away
满意	mǎn yì	to be satisfied; pleased
帽子	mào zi	hat; cap
米	mǐ	meter (in length or distance)
面包	miàn bāo	bread
明白	míng bai	clear; obvious; understand; explicit
拿	ná	to carry in your hand; to take; to fetch
奶奶	nǎi nai	paternal grandmother
南	nán	South
难	nán	difficult
难过	nán guò	sad
年级	nián jí	grade; year (in school)
年轻	nián qīng	young
鸟	niǎo	bird

努力	nǔ lì	to work hard; to strive; hard-working
爬山	pá shān	to climb a mountain
盘子	pán zi	plate; dish; tray
胖	pàng	fat; plump
皮鞋	pí xié	leather shoes
啤酒	pí jiǔ	beer
瓶子	píng zi	bottle
其实	qí shí	actually; in fact
其他	qí tā	the rest; other
奇怪	qí guài	strange; odd
骑	qí	to ride (an animal or bike)
起飞	qǐ fēi	take off (in an airplane)
起来	qǐ lai	(*indicating an upward movement*) to rise
清楚	qīng chu	clear; distinct
请假	qǐng jià	to ask for leave
秋	qiū	autumn; fall
裙子	qún zi	skirt, dress
然后	rán hòu	then; after that
热情	rè qíng	warm; enthusiastic
认为	rèn wéi	to believe; to think that
认真	rèn zhēn	serious; earnest; take seriously
容易	róng yì	easy
如果	rú guǒ	if; in the event that; in case
伞	sǎn	umbrella
上网	shàng wǎng	to surf the web; to go online
生气	shēng qì	angry

声音	shēng yīn	sound; voice
世界	shì jiè	world
试	shì	to try
瘦	shòu	thin
叔叔	shū shu	(informal) father's younger brother; uncle
舒服	shū fu	comfortable
树	shù	tree
数学	shù xué	mathematics
刷牙	shuā yá	to brush one's teeth
双	shuāng	pair
水平	shuǐ píng	level; standard
司机	sī jī	driver; chauffeur
太阳	tài yáng	the sun
特别	tè bié	special; especially; particularly; extraordinarily
疼	téng	ache; sore; (it) hurts; painful
提高	tí gāo	to raise; heighten; improve
体育	tǐ yù	physical training; sports
甜	tián	sweet
条	tiáo	*used for pants, dresses etc*
同事	tóng shì	colleague; co-worker
同意	tóng yì	to agree
头发	tóu fa	hair (on the head)
突然	tū rán	suddenly
图书馆	tú shū guǎn	library
腿	tuǐ	leg
完成	wán chéng	to complete
碗	wǎn	bowl

万	wàn	ten thousand
忘记	wàng jì	to forget
为	wèi	for
为了	wèi le	for the sake of; for the purpose of
位	wèi	*a respectful measure word for people*
文化	wén huà	culture
西	xī	West
习惯	xí guàn	habit; to be accustomed to
洗手间	xǐ shǒu jiān	toilet; lavatory; washroom; bathroom
洗澡	xǐ zǎo	to take a bath or shower
夏	xià	summer
先	xiān	first; in advance
相信	xiāng xìn	to believe
香蕉	xiāng jiāo	banana
向	xiàng	towards
像	xiàng	be like; resemble
小心	xiǎo xīn	be careful
校长	xiào zhǎng	principal (of school, college or university); headmaster
新闻	xīn wén	news
新鲜	xīn xiān	fresh
信用卡	xìn yòng kǎ	credit card
行李箱	xíng lǐ xiāng	luggage; suitcase
熊猫	xióng māo	panda
需要	xū yào	to need
选择	xuǎn zé	select; to pick; choose

要求	yāo qiú	requirement
爷爷	yé ye	(informal) father's father; paternal grandfather
一定	yí dìng	certainly; definitely
一共	yí gòng	altogether; in total
一会儿	yí huì r	a while; a moment
一样	yí yàng	the same; alike; equal to
以前	yǐ qián	before; formerly; previous
一般	yì bān	general; usual
一边	yì biān	*indicating two actions taking place at the same time*
一直	yì zhí	always; all along; all the time
音乐	yīn yuè	music
银行	yín háng	bank
饮料	yǐn liào	beverage; drink
应该	yīng gāi	should; ought to
影响	yǐng xiǎng	influence; affect
用	yòng	to use
游戏	yóu xì	game; play; recreation
有名	yǒu míng	famous; well-known
又	yòu	(once) again | and
遇到	yù dào	to meet; run into; come across
元	yuán	Chinese monetary unit; dollar
愿意	yuàn yì	be willing to; would like to
月亮	yuè liang	the moon
越	yuè	more; to a greater degree
站	zhàn	stand; be on one's feet
张	zhāng	*measure word for flat objects such as paper, photos etc*

长	zhǎng	to grow; to develop
着急	zháo jí	to worry; feel anxious
照顾	zhào gu	to take care of; look after
照片	zhào piàn	photograph
照相机	zhào xiàng jī	camera
只	zhī | zhǐ	but; only; merely; just | (measure word for birds and certain animals)
只有。。才	zhǐ yǒu。。cái	only…(that/can…)
才	cái	just now; not until
中间	zhōng jiān	center; middle
终于	zhōng yú	at last; in the end; finally
种	zhǒng	kind, type
重要	zhòng yào	important; significant; major
周末	zhōu mò	weekend
主要	zhǔ yào	main
注意	zhù yì	to pay attention to
自己	zì jǐ	oneself; self
自行车	zì xíng chē	bicycle
总是	zǒng shì	always
嘴	zuǐ	mouth
最后	zuì hòu	the last one; final; ultimately
最近	zuì jìn	recently; lately; these days
作业	zuò yè	school assignment; homework

Appendix B – Extended HSK 3 Vocabulary

Words	Pinyin	Explanation
办事	bànshì	to work; to handle affairs
帮	bāng	to help
变	biàn	to change; to become
春节	chūnjié	Spring Festival
打	dǎ	to send; to remit
到时候	dào shíhòu	at that time; then
房子	fángzi	house; building
刚	gāng	just, only a short while ago
贵	guì	honorific term; noble
歌舞	gēwǔ	sing and dance
红酒	hóngjiǔ	red wine
句	jù	a measure word used for sentences
开	kāi	to open out; to unfold
每天	měitiān	everyday
哪里	nǎlǐ	*(self-depreciatory expression)* not at all
女孩儿	nǚhái ér	girl
钱包	qiánbāo	purse; wallet
人名	rénmíng	name (of a person)
认	rèn	to recognise; to identify
上	shàng	to go up; to ascend
听说	tīng shuō	to hear about; to be told
外地	wàidì	other places

鲜花	xiānhuā	fresh flowers
香瓜	xiāngguā	casaba
一般来说	yībān lái shuō	generally speaking
以后	yǐhòu	after; later
音乐会	yīnyuè huì	concert
有点儿	yǒudiǎn er	a little; a bit
早	zǎo	early
怎么办	zěnme bàn	(used to ask for a solution) what to do
照	zhào	to photograph
中秋节	zhōngqiū jié	Mid-Autumn Festival

Other Supplementary Words

电子游戏	diànzǐ yóuxì	Electronic games
电子词典	diànzǐ cídiǎn	E-dictionary
花瓶	huāpíng	vase
奶瓶	nǎipíng	milk bottle; feeding bottle
以上	yǐshàng	the above

Audio Files Download

You may download all the audio files at:

https://allmusing.net/blog/hsk-3-storybook-vol-1-audio-files/464/

OR

Scan the QR Code below:

You will need to input the following **password** to download all the audio files.

8F4d>uGAWb

If you encounter any issues when downloading the files, please do not hesitate to email us at feedback@allmusing.net

Printed in Great Britain
by Amazon